2023年版
プロ野球
問題だらけの
12球団

小関順二

草思社

はじめに

昨季、パ・リーグはオリックス、セ・リーグはヤクルトがそれぞれ2連覇し、育成の重要さを際立たせた。オリックス日本一の原動力となったセットアッパー、宇田川《うだがわ》優希は2020年育成ドラフト3位で、昨年7月28日に支配下登録されたばかりだが、それがいまや今年3月8日に開幕するWBC（ワールドベースボールクラシック）の日本代表選手である。

06年までドラフト会議では、大学生と社会人に限り入りたい球団を選べる〝希望枠〟制度が存在した。入りたい球団とはつまりは「人気」のことで、資本力、伝統などが重なり合って観客動員にも影響していた。ただ、この時期のパ・リーグ各球団の親会社、楽天、オリックス、ロッテ、ソフトバンク、西武、日本ハムは大企業ばかりで、なぜ巨人以外の横浜、広島、ヤクルト、阪神、中日にまで人気面で後塵《こうじん》を拝するのかわからなかった。

当時、多くの球団は有望という曖昧な指標でアマチュアのトップレベルに大金を投じていた。私はこの頃までのプロ野球に不満があった。それから20年近くが経ちプロ野球は新たなマネーゲームに突入した。チーム強化のために育成に投資するようになったのである。

パ・リーグでは日本ハムが97年に千葉県鎌ケ谷市にスタジアムと室内練習場を備えたファームタウンを作り、ここから大谷翔平（エンゼルス）が飛躍した。ソフトバンクは16年、筑後市にメイン球場とサブスタジアムを擁するベースボールパーク筑後を開き、ここから育成出身の千賀滉大（メッツ）などが頭角を現し、オリックスは神戸市須磨区から大阪市此花区《このはな》舞洲《まいしま》に練習施設を移転し宇田川が出て、西武は従来の第二球場をリニューアルした。

この動きにセも追随し、まずDeNAが横須賀市追浜《おっぱま》にファームタウンを新設すると、阪神は不便だった鳴尾浜から尼崎市小田南公園に二軍施設を移転、ヤクルトは台風が来るとグラウンドが水没する埼玉県戸田市から茨城県守谷市に二軍施設の移転を決め、巨人はよみうりランドにある現在のジャイアンツ球場の先に水族館と一体型のボールパークを二軍専用とする計画を表明。今プロ野球界は選手の育成環境整備で優劣を競う時代となった。

2年続けて日本一を争ったヤクルトからは〝村神様〟の異名を持つ村上宗隆や長岡秀樹、オリックスからはメジャーリーグ垂涎の山本由伸や剛腕セットアッパーの宇田川、山﨑颯《そう》一郎《いちろう》らが輩出されるのは象徴的な出来事だった。

私はというと昨年9月4日に自身3度目となる脳梗塞を発症、西東京市の救急病院に入院した。前2回とは異なり、左の手足が麻痺してまったく動かない状態になり人生が暗転した。ベッドの柵を抜いて棚にある荷物を取ろうとして頭から落下したのは、日常的な作業など自分1人でできると自身や看護師に訴えたかったのだろう。

その2日後、パソコンで映画『最高の人生の見つけ方』を観た。共に余命数カ月の富豪のジャック・ニコルソンと自動車整備工のモーガン・フリーマンが同室になり「生きている間にやりたいこと」10項を作成し、それらを2人で実現するという内容。映画の原題は『The Bucket list』つまり「棺桶リスト」らしい。それに触発され私も棺桶リストを作った。

①夏の甲子園大会を球場で観る、②のんちゃん（女優の「のん」）のコンサートに行く、③両親と兄が眠る墓参りをしたあと生まれ故郷、横須賀の町巡りをする、④家族と一緒に2匹の猫を可愛がる、⑤アメリカのアマチュア野球、ケープコッドリーグをマサチューセッツ州のコッド岬で観る、⑥シルバーパスを使いバスに乗って吉祥寺の街をぶらぶらする、⑦春の宮崎キャンプに行く、⑧イタリア、フランス、オランダのリーグ戦をヨーロッパ各地で観る、⑨友達と酒場に行く、⑩映画館でのんちゃん主演の『天間荘の三姉妹』を観る。

書いているうちに、これらは失われるかもしれない10項目なんだと思った。清瀬市のリハビリ専門病院に転院後はリハビリも着々と進み、10月21日には来年のドラフト候補の記事が私の顔写真付きで日刊スポーツ紙に掲載された。看護師やリハビリの先生に見せて自慢する私の姿は家族にすれば頼もしかっただろう。

翌々日に左手首の痛みが軽減したと理学療法の先生に言うとリハビリが進む過程で体のどこかに痛みが発生することがあると言う。先生から「ちょう回復」という言葉が出てきたので「ちょう」はどんな漢字かと尋ねると「こえる、とかのちょう」と言うので「超すごいの超ですか」と聞くとそうだと言う。リハビリの過程でどこかが壊れても再生し、その部分が前より強くなるのだとか。梗塞によりある部分の神経が死んでも他の神経がそれを補うとも聞いた。自分の体とは思えない人間の逞しさ。これらのことを朝、「入院しているけど旅をしている気分」と看護師に言うと恥ずかしくなるくらいの言葉で褒めてくれた。

この原稿は11月中旬から6・4平米ほどの狭い病室にパソコンを持ち込んで書き始めている。救急病院の入院初日からスマホのGoogleドキュメントを使って日記を書いているのは、今間違いなく特殊な環境下に置かれていると思ったからだ。それらを細大漏らさず書き残しておこうと思ったのは、さすがにライターだと思う。

私が最初に脳梗塞を起こす2年前の04年、長嶋茂雄さんが脳梗塞で入院した。そして私が3回目の脳梗塞を発症した2日後、今度は長嶋さんが脳出血で入院。私は長く〝アンチ巨人〟の立場を取ってきたが、今は不思議な感覚を覚えている。左足に装具をつけてPT（理学療法）室で歩行練習しているとき、長嶋さんもリハビリ頑張っているんだ、というシンクロニシティ（共時性）に囚われるのである。長嶋さんと比較して自分を大きく見せようなんて思わないが、今最も親しい感情で接することができるのは長嶋さんである。

リハビリ、ともに頑張りましょう。一日も早い社会復帰を心より祈念しております。

２０２３年２月吉日　　小関　順二

2023年版
プロ野球
問題だらけの
12球団

目次

セントラル・リーグ 戦力徹底分析！

この本の構成と楽しみ方

12球団を均等に徹底批評

▶本書は2000年より毎年「年度版」として刊行され、今年で24冊目を迎えるシリーズである。本書の特徴は、セ・パ12球団に均等なページを割いて批評した点。また、各球団の現状だけでなく、数年先の野球界も俯瞰《ふかん》しながら、客観的に選手やチームの実力を見定め、批評した。

▶88年以来35年間にわたり、常に批評することを意識してプロ・アマ合わせて5800試合以上を球場で観戦してきた。本書はその折々に書きとめた「観戦ノート」をもとに各球団の戦力分析をしたものである。一軍のみならず、二軍やアマチュアの試合にも注目するのは、長期的な視野で選手を見ようとしているからだ。

▶各球団解説の構成はすべて、「総論」「スタメン分析」「ピッチングスタッフ分析」「直近のドラフト分析」からなる。球団の順番は昨年の日本シリーズ勝者・オリックスに敬意を表し、パ・リーグの上位チームからスタートしている。なお、本文中にはさまざまな数字が登場するが、野球は他のスポーツにくらべ記録の面白さを追求する側面を持っている。私も数字の魅力に取りつかれている人間なので、本書中で多く紹介している。

カバー写真撮影　田寺　龍
球団扉写真　産経新聞社

パシフィック・リーグ戦力徹底分析！

2023

2022年データ

チーム	勝	敗	分	勝率	差	打率	得点	防御率
オリックス	76	65	2	.539	—	.246②	490④	2.84②
ソフトバンク	76	65	2	.539	0.0	.255①	555①	3.07③
西　武	72	68	3	.514	3.5	.229⑥	464⑤	2.75①
楽　天	69	71	3	.493	6.5	.243③	533②	3.47⑥
ロッテ	69	73	1	.486	7.5	.231⑤	501③	3.39④
日本ハム	59	81	3	.421	16.5	.234④	463⑥	3.46⑤

※○内数字は順位
※クライマックスシリーズでは、シーズン2位のソフトバンクがファーストステージにおいて同3位の西武に2勝0敗。ファイナルステージではシーズン優勝のオリックスがソフトバンクを4勝1敗で下し日本シリーズ進出

個人タイトル

部門	タイトル	選手	記録
	MVP	山本　由伸（オ）	
	新人王	水上　由伸（西）	
打撃部門	打率	松本　剛（日）	.347
打撃部門	打点	山川　穂高（西）	90
打撃部門	本塁打	山川　穂高（西）	44
打撃部門	安打	島内　宏明（楽）	161
打撃部門	出塁率	吉田　正尚（オ）	.447
打撃部門	盗塁	高部　瑛斗（ロ）	44
投手部門	防御率	山本　由伸（オ）	1.68
投手部門	勝利	山本　由伸（オ）	15
投手部門	勝率	山本　由伸（オ）	.750
投手部門	HP	平良　海馬（西）	35
投手部門	セーブ	松井　裕樹（楽）	32
投手部門	奪三振	山本　由伸（オ）	205

パ・リーグ2022年ドラフト会議指名結果

球団	順位	選手	守備	所属
オリックス バファローズ	1位	曽谷　龍平	投手	白鷗大
	2位	内藤　鵬	内野手	日本航空高石川
	3位	齋藤　響介	投手	盛岡中央高
	4位	杉澤　龍	外野手	東北福祉大
	5位	日髙　暖己	投手	富島高
福岡ソフトバンク ホークス	1位	イヒネ　イツア	内野手	誉高
	2位	大津　亮介	投手	日本製鉄鹿島
	3位	甲斐　生海	外野手	東北福祉大
	4位	大野　稼頭央	投手	大島高
	5位	松本　晴	投手	亜細亜大
	6位	吉田　賢吾	捕手	桐蔭横浜大
埼玉西武 ライオンズ	1位	蛭間　拓哉	外野手	早稲田大
	2位	古川　雄大	外野手	佐伯鶴城高
	3位	野田　海人	捕手	九州国際大付属高
	4位	青山　美夏人	投手	亜細亜大
	5位	山田　陽翔	投手	近江高
	6位	児玉　亮涼	内野手	大阪ガス
東北楽天 ゴールデンイーグルス	1位	荘司　康誠	投手	立教大
	2位	小孫　竜二	投手	鷺宮製作所
	3位	渡辺　翔太	投手	九州産業大
	4位	伊藤　茉央	投手	東京農業大北海道オホーツク
	5位	平良　竜哉	内野手	NTT西日本
	6位	林　優樹	投手	西濃運輸
千葉ロッテ マリーンズ	1位	菊地　吏玖	投手	専修大
	2位	友杉　篤輝	内野手	天理大
	3位	田中　晴也	投手	日本文理高
	4位	髙野　脩汰	投手	日本通運
	5位	金田　優太	内野手	浦和学院高
北海道日本ハム ファイターズ	1位	矢澤　宏太	投手	日本体育大
	2位	金村　尚真	投手	富士大
	3位	加藤　豪将	内野手	ニューヨーク・メッツ
	4位	安西　叶翔	投手	常葉大学附属菊川高
	5位	奈良間　大己	内野手	立正大
	6位	宮内　春輝	投手	日本製紙石巻

オリックス・バファローズ

宇田川優希

若手の「抜擢タイミング」を外さない指導者の眼力

年	シーズン順位	交流戦順位	観客動員数
2018	4位	2位	162万5365人（12位）
2019	6位	2位	173万3998人（11位）
2020	6位	—	33万3559人（9位）
2021	1位	1位	43万1601人（12位）
2022	1位	9位	141万2638人（9位）

＊（　）は12球団中の順位

選手の年齢構成（オリックス）

年齢	投手	捕手	一塁手	二塁手	三塁手	遊撃手	外野手
19	齋藤響介 日高暖己				内藤鵬		
20							池田陵真
21	山下舜平大	中川拓真				紅林弘太郎	元謙太 来田涼斗
22	宮城大弥 前佑囲斗			太田椋			
23	曽谷龍平					宜保翔	杉澤龍
24	本田仁海 東晃平	福永奨				野口智哉	渡部遼人
25	山本由伸 小木田敦也 山﨑颯一郎 宇田川優希						佐野如一
26	吉田凌 横山楓 村西良太						渡邉大樹
27	田嶋大樹 漆原大晟	頓宮裕真			宗佑磨		佐野晧大 中川圭太
28	山岡泰輔	森友哉 若月健矢 石川亮					
29	鈴木康平 竹安大知 黒木優太						
30	ワゲスパック			大城滉二 山足達也			後藤駿太
31	山﨑福也 阿部翔太 コットン シュウィンデル						福田周平 ラベロ 石岡諒太
32	山田修義 近藤大亮						杉本裕太郎
33					西野真弘		
34			ゴンザレス				小田裕也
35～	平野佳寿 比嘉幹貴		T-岡田			安達了一	

[註]ポジションは22年の一、二軍の守備成績を参考

若手の素質〝発現期〟を見逃さないファーム指導者の眼力

若手の躍進がリーグ優勝に結びついた2021年にくらべ、22年のオリックスは地力の強さを感じさせた。ペナントレース前半、4月までのチーム順位は3位だったが、成績は14勝14敗で首位楽天には5ゲーム差をつけられていた。セ・リーグも同時期、巨人が2位ヤクルトを大きく引き離す独走状態だった。巨人と楽天はシーズン前の下馬評も高く、このまま後半戦まで突っ走るのではないかと予測する声もあったが、揃って4位でシーズンを終えた。FA戦略でチームを作ってきた巨人と楽天に対して、オリックスとヤクルトはドラフトとファームの育成力でチームの骨格を作ってきた。2年続けて同じ結果が出たので、これからの球界はオリックス・ヤクルト型チーム作りが主流になっていくと思う。

オリックスの戦い方で顕著だったのはリリーフ陣の活躍である。楽天と抑え役だけを比較すれば平野佳寿《よしひさ》（オリックス）の3勝2敗28セーブ、防御率1・57と松井裕樹（楽天）の1勝3敗32セーブ、防御率1・92に大差はない。大差があるのは中継ぎ陣である。楽天で10ホールドポイント（HP）以上挙げている中で防御率1点台が1人もいないのに対し、オリックスは阿部翔太22HP、防御率0・61、平野佳寿11HP、防御率1・57の2人がクリア。さらにシーズン後半には宇田川《うだがわ》優希、山﨑颯一郎《そういちろう》、ワゲスパックが頭角を現し、日本シリーズでヤクルトを撃破する原動力になる。3人以外でも本格派の本田仁海《ひとみ》、黒木優太がクライマックスシリーズのファイナルステージで好投している。ベテランの比嘉幹貴《もとき》、近藤大亮《たいすけ》も控える重構造のリリーフ陣こそ2年連続のリーグ優勝、26年ぶりの日本シリーズ制覇をもたらした原動力と言っていい。

リリーフ陣が万全でなかった5月、チームは9勝15敗、6月は12勝9敗と相変わらず低調で、5月31日現在のチーム成績は24勝29敗で4位。首位ソフトバンクに8ゲーム差をつけられていた。育成ドラフトでプロ入りした宇田川はこの時点では支配下登録さえされておらず（支配下登録されるのは7月28日）、山﨑颯も二軍で投げていた。

山﨑颯の一軍昇格は8月28日、宇田川は7月31日。2人が頭角を現す7月にチームは15勝9敗、8月に12勝10敗と調子を上げてきた。さらに2人が戦力になる後半戦の9月は12勝8敗、10月は1勝0敗で最終的には2位ソフトバンクにゲーム差なしの76勝65敗、勝率・539で2連覇を果たすのである。

ドラフトの順位で見れば、山﨑颯が16年6位、宇田川が20年育成ドラフト3位なので、指名順位とか、他球団のスキをつくスカウティング能力とかは関係ない。遅れてきた逸材の台頭に力を貸したのはファームの監督、コーチと断言できる。

私は22年9月4日に脳梗塞を発症し、約半年後の3月下旬までは今入院しているリハビリ専門病院の厄介になる予定である。リハビリを担当する先生方に聞いて知ったのだが、発症から1カ月までを急性期、6カ月までを回復期と言うらしい。この回復期を過ぎるとリハビリの効果が遅くなるので、私は回復期のリハビリを頑張っているのだが、プロ野球の世界にも同じように成長に適した時期や期間があるのではないかと考えるようになった。

たとえば、素質のよさが発現してから1年以内が成長期なら、この時期に一軍で起用しなければ〝旬〟を逃す。つまり、一・二軍にかかわらず、監督、コーチに最も必要なのは手取り足取りの指導ではなく、素質が発現した瞬間を見逃さない眼力なのではないか。私が宇田川を初めて見たのは7月23日のフレッシュオールスター。このときの宇田川は圧倒的だった。出場辞退選手の代替として出場できたのは幸運だが、代替選手に推したのはオリックスのファーム指導者である。フレッシュ球宴の5日後に支配下登録され、その3日後には一軍昇格している。このスピード昇格を見るとファーム指導者の眼力がよくわかる。

楽天の育成ドラフト出身、宮森智志《さとし》にもファーム指導者の眼力を感じた。宇田川同様にフレッシュ球宴での好投が目立ち、7月30日に支配下登録され一軍に昇格している。パ・リーグ新人王に輝いた水上《みずかみ》由伸も育成ドラフト出身（西武20年育成ドラフト5位）。22年は今後のプロ野球界の流れを映し出したシーズンなのかもしれない。

スタメン分析

メジャー107本塁打の実績は鵜呑みにできない

主軸の吉田正尚がポスティングシステムを使いレッドソックスに移籍、代わりにFA権を行使した森友哉（捕手）を西武から獲得、外国人はアストロズ時代の17年に打率・303、本塁打23、打点90を挙げ、メジャーで通算107本塁打を放ったスイッチヒッター、マーウィン・ゴンザレス、さらに前カブスのフランク・シュウィンデルが入団する。

この中でレギュラー定着が有力視されているのは19年にパ・リーグ首位打者に輝いている森と実績十分な前ヤンキースのゴンザレス。森はレギュラー捕手として力を発揮すると思うが、実績を鵜呑みにできないのはゴンザレスのほう。

20、21年に在籍したアダム・ジョーンズはまだ記憶に新しいが、彼がメジャーリーグで残した通算成績は打率・277、安打1939、本塁打282、打点945という破格なもの。このジョーンズがオリックス時代の2年間で114安打しか打てなかった。MLBで成功し、オリックスからも2年総額800万ドルという高額で迎えられている元メジャーリーガーだ。

このジョーンズがアメリカのポッドキャスト番組で「私が日本でホームランを打てる投

手はアメリカ人だけだったと思う。フォークは全く打てない。頑張ったけど無理だった」と語っている（Full Countより）。ボール球で打ち取ろうとする投手や待球作戦で塁に出ようとする打者が多いのが日本球界。そういう野球文化が180度異なる日本では元メジャーリーガーといえども容易には活躍できない。ちなみに、ゴンザレスが昨年打ったホームランシーンの動画を見たら、球種はほとんどストレート系だった。

昨年のオリックス打線を振り返ると、3人の外国人はまったく戦力にならなかった。それでもリーグ連覇、日本一になったのだから、ゴンザレスが活躍しなくても3連覇する力があると考えていい。常勝のカギを握るのは移籍してきた森より昨年低調だった杉本裕太郎、紅林弘太郎の復調具合である。

いいデータは昨シーズン終了後に行われたCS（クライマックスシリーズ）、日本シリーズで復調の兆しが見えているところ。CSでは杉本が13打数5安打（ホームラン1）、打率・385、日本シリーズでは紅林が27打数8安打、打率・296だった。2人に加えて中川圭太がCSで打率4割、さらに、日本シ

スタメン候補

	［スタメン］	［控え］
捕	＊森　友哉	若月　健矢
		福永　奨
一	頓宮　裕真	シュウィンデル
二	太田　椋	安達　了一
三	＊宗　佑磨	＊西野　真弘
遊	紅林弘太郎	＊野口　智哉
左	＊来田　涼斗	＊小田　裕也
中	中川　圭太	＋佐野　皓大
右	杉本裕太郎	＊福田　周平
D	＋ゴンザレス	

＊は左打ち、＋は両打ち

リーズ第7戦に1番打者で出場した太田椋《りょう》はサイスニードが投じた初球低めの145キロストレートをバックスクリーンに放り込んで存在感を示した。太田は天理高卒の22歳で18年のドラフト1位。昨年は二塁を24試合守っている。最多出場が安達了一の62試合だった二塁に将来性が高く評価されている強打者が就く可能性は十分ある。

もう1つの弱かったポジション、捕手に森が入り、吉田が抜けたレフトは若手の来田《きた》涼斗《りょうと》、佐野皓大《こうだい》、中堅の福田周平たちで熾烈な争奪戦が演じられる予定。ソフトバンクのようにトレードで弱いポジションを埋める方法もあるが、私はオリックスのほうが効果的だと思う。みやざきフェニックスリーグでホームランを打った育成選手の園部佳太も右の強打者で同リーグでは二塁を守っていたので太田のライバルになるかもしれない。

もう1人の外国人、シュウィンデルは一塁に置くプランもありそうだが、22年に捕手登録で一塁を38試合守り、キャリアハイの53安打、11本塁打を記録した頓宮裕真《とんぐうゆうま》（27歳）に杉本に通じる遅咲きの気配があるので、こちらの可能性にかけたい。10年に33本塁打を放ちホームラン王になったT－岡田も2年前には17本塁打、63打点を残している。若手、中堅が入り乱れて少ないポジションを争う姿は80～90年代に黄金時代を築いた西武のようである。

ピッチングスタッフ分析

プロ野球界に革命を起こした剛腕の中継ぎ陣

昨年のオリックス投手陣は革命を起こした。150キロ台中盤から160キロに迫る剛腕をリリーフ陣に揃えたのだ（年齢は今季のもの）。

宇田川優希25歳	19試合	2勝1敗3ホールド	防御率0・81
山﨑颯一郎25歳	15試合	0勝2敗6ホールド	防御率3・00
本田仁海24歳	42試合	2勝3敗2セーブ14ホールド	防御率3・50
阿部翔太31歳	44試合	1勝0敗3セーブ22ホールド	防御率0・61
ワゲスパック30歳	32試合	2勝6敗5セーブ7ホールド	防御率2・97

宇田川は昨年の7月28日に育成選手から支配下選手へ移行した選手で、山﨑颯は19年8月、右ヒジにトミー・ジョン手術を受け、一軍でのマウンド復帰は21年。ともにキャリア不足が試合数の少なさに表れている。

名前の後に年齢を書いたのは昨年版に「（ドラフトでのリリーフタイプの指名は）リリーフ陣の年齢的後退や、リリーフ投手の宿命、肩・ヒジの勤続疲労を念頭に置いた指名だろう」と書いたからだ。ベテランの海田《かいだ》智行《ともゆき》当時35歳、平野佳寿同38歳、比嘉幹貴同40歳、能見

ピッチングスタッフ			
［先発］	［中継ぎ］	［抑え］	［その他］
山本　由伸	宇田川優希	ワゲスパック	近藤　大亮
＊宮城　大弥	山﨑颯一郎		椋木　　蓮
＊田嶋　大樹	本田　仁海		黒木　優太
山岡　泰輔	平野　佳寿		小木田敦也
＊山﨑　福也	阿部　翔太		比嘉　幹貴
山下舜平大	コットン		＊曽谷　龍平

＊は左投げ

篤史同43歳という年齢を見れば、22年シーズンを前にした危機的状況がわかってもらえるだろう。しかし、一挙にここまで陣容が若返るとは思わなかった。

ソフトバンクとのCSファイナルステージ（4試合）での登板は宇田川、山﨑、阿部が各2試合、ワゲスパック、本田が各1試合、ヤクルトとの日本シリーズ（7試合）での登板はワゲスパック5試合、宇田川、山﨑各4試合、阿部、本田各3試合である。日本シリーズの防御率は宇田川とワゲスパックが0で、山﨑、本田各6点台、阿部8点台とよくないが、崩れたのはそれぞれ1試合だけ。

ストレートの最速は、山﨑160キロ、宇田川、ワゲスパック各159キロ、本田158キロ、阿部151キロ。日本シリーズでヤクルトが繰り出すリリーフ陣とは球速表示される数字だけでなく、球質が明らかに違っていた。

先発はエース山本由伸が安泰というか磐石。21年は最多勝（18勝5敗）、最優秀防御率（1・39）、最多奪三振（206）、最高勝率（・783）に輝き、22年は15勝5敗、防御率1・68、205奪三振、勝率・750で2年連続の投手4冠、これは日本プロ野球初の快挙である。

喜んでばかりいられないのは、湊通夫球団社長がマスコミ陣に話し表面化した山本のポスティングシステムを活用したメジャーリーグへの移籍が現実になりそうなことだ。現在までの通算成績は54勝23敗。今季からメジャーに移籍する藤浪晋太郎（元阪神）57勝54敗、髙橋光成《こうな》（西武）55勝49敗、今永昇太（DeNA）57勝46敗でわかるように球界のメジャー容認度は現在、55勝程度まで下がっているらしいので、今年のオフにゴーサインが出ることはほぼ間違いないと思う。

山本ほどの投手の後継者は簡単には用意できないが、準備はしておかなくてはならない。その候補は過去2年、13勝、11勝している宮城大弥《ひろや》、リリーフで活躍した山﨑颯、20年のドラフト1位、山下舜平大《しゅんぺいた》21歳の3人。

宮城は文句のない実績で異論はないと思う。山﨑颯は21年の日本シリーズ第4戦に先発しているように元々〝将来の先発要員〟候補だった。そして山下は一軍での実績はまだないが、今年のみやざきフェニックスリーグに2試合登板している。イニング数は3・2回だが、ようやく助走が始まったなと私は思っている。

ドラフト分析

2位内藤鵬にかかる将来の主軸の期待

18〜20年までは高校生主体、今年の1位は21年に続いて即戦力候補の投手になった。今オフ、しばしば耳にしたのはエース山本由伸のメジャー挑戦。大谷翔平が日本ハムからエンゼルスに移籍したのが24歳のシーズン。山本は今季25歳になるので、秒読みに入ったと考えていい。その割に〝ポスト山本〟の準備が遅いというのが**1位曽谷《そたに》龍平**（白鷗大・投手）の指名を聞いたときの印象だ。

曽谷を紹介するとき、スポーツ紙などは「最速151キロのストレート」と書きたがる。私が直近で見た22年5月15日の関甲新大学リーグの上武大戦では、135キロ程度のカットボールにスライダー、カーブを織り交ぜる横の変化に特徴があった。評判のコントロールは確かにいいが、5回裏、押し出しを含む1四球、2死球が絡んで3失点を許した。また被安打5のうち4本は右打者に打たれているので、左偏重の楽天戦は力を発揮しそうだが、山川穂高、外崎《とのさき》修汰、愛斗など右の強打者が揃う西武戦は起用するのが怖い。

ストレートは私が見た試合の最速は150キロで、自身最速は151キロ。ステップが狭いので高めに浮く傾向があり、これを武器にできれば三振の山を築けるが、裏目に出れば一発に泣く可能性もある。1位指名なので評価はどうしても辛口になるが、素材のよさは間違いない。ただ、1年目に2ケタ勝てるとか将来のエース候補という安直な評価で褒め殺したくない。今季の起用法に目を転じれば、先発の六番手を山下舜平大、椋木蓮らと争うことになりそうだ。宮城大弥、田嶋大樹《だいき》、山﨑福也《さちや》が左腕なので、左の稀少価値をセールスポイントにすることは難しく、速いストレートを低めに集めるプロレベルのコントロールが求められる。

2位内藤鵬《ほう》（日本航空石川高・三塁手）は高校通算53本のホームランを放っている右の大砲候補だ。紅林弘太郎、太田椋という強打者はいるが、他球団同様、チーム内に多いのは左打者。広く球界を見渡しても〝右のスラッガー〟は喉から手が出るほど求められている。

バッティングスタイルはダウンでもアッパーでもないレベルスイングの軌道で、ボールを捉えるときの角度は緩やかに上から出て、ボールのやや下に入るという飛距離が出る理想型。プロ野球では同じ三塁手の中村剛也《たけや》（西武）のスタイルに近く、天性のホームランバッターの素質と言っていい。

ドラフト前日、地元テレビのインタビューでは高校入学前からプロ野球の世界に入ることを目標にしていたと言い、2年春の石川県大会で打率・588、本塁打5本（大会記録）を放ったときは、夢だったプロ野球が「プロ野球選手にならなければいけない」という使命感にまで高まったと言う。通算500本塁打というプロ入り後の目標も語っているが、浮ついた印象はなかった。

3位 齋藤響介《きょうすけ》（盛岡中央高・投手）はストレートが最速152キロを計測する速球派だ。甲子園出場経験のない剛腕というと、ごつごつした岩のようなピッチャーを想像しがちだが、身長177センチ、体重72キロの細身で、投球フォームもヒジを起点とした腕の振りに特徴があり、「剛腕」と書くより「好投手」と書いたほうが実像に近い。

3年夏の岩手県大会では準決勝で優勝候補の花巻東と対戦、佐々木麟太郎（2年）、田代旭（3年）らが主軸を打つ強力打線を9安打に抑える完投で、3対2で退けた。140キロ台中盤から後半を計測するストレートに打者の打ち気を外す110キロ台のカーブが効果的で、緩急の効果をよく理解する頭脳派という一面もある。

気になるのはストレートが高く浮くこと。ステップを出す動きが早く、この動きにつられて上半身が前に引っ張り出されるために起こるクセで、打者に逆方向を意識されるとひとたまりもない。こういう未完の大器を育成するのが今のオリックスは非常にうまい。山﨑颯一郎の高校時代とくらべると、身長は10センチ以上低いがストレートは10キロ近く上回っている。腕の振りの柔らかさにも似た部分があり、山﨑颯の成長ステップを思い返しながら指導していけるのは強み。

4位杉澤龍《りゅう》（東北福祉大・外野手）は平均的な記録を積み上げてきた選手だが、4年春の仙台六大学野球連盟のリーグ戦で打率・550、本塁打4、打点14を記録し、三冠王とMVPに輝いた。秋のリーグ戦でも本塁打3、打点12で、ベストナインと最多本塁打を受賞したが、打率・242は自身最低だった。

NHKのサイト「知っトク東北」に杉澤が取り上げられている。同サイトで杉澤は、東北高の選手として甲子園大会に出場し、横浜高の藤平尚真《ふじひらしょうま》（楽天）にノーヒットに抑えられたとき、「『ボールには赤い縫い目があるはずなのに、スピンが効いていて真っ白なボールがズドンときた。プロに行くような選手のレベルは段違いだ』」と気づかされたといい、この敗戦以来、「速いボールに対応するためのシャープで強い振り」と「バットを最短距離で強く振る技術に磨きをかけ」ているという。わざわざ打撃フォームを模索する姿を持ち出したのは、杉澤の打撃フォームが本当に速いボールに対応する目的で作られているからである。

まず前足の始動はほとんどない。わずかな動きも無駄と考えているからだろう。打ちにいくときのステップはバットのブレを抑え込むためか慎重に出し、両脇を締めて、肩の辺りに置いたバットのグリップは最後まで上下動させない。ミートポイントはキャッチャー寄りで、差し込まれたかなと思った時点でヘッドがスッと出ていく。こういう高度な技術をモノにしていれば毎シーズンでも打率3割など簡単だと思うが、実際には2シーズンしか3割を超えていない。このフォームが完全に自分のものになっていないのだろう。

昨年の全日本大学野球選手権（以下、大学選手権）1回戦、九州共立大戦では好投手、稲川竜汰（1年）にチームは完封負けを喫したが、杉澤は第1打席でレフトに二塁打を放ち、二塁到達タイムは俊足と認められる8・11秒だった。

5位日《ひ》高《だか》暖己《あつみ》（富島高・投手）は昨年夏の甲子園大会に出場、2回戦で準優勝した下関国際高に0対5で敗退するが、山本由伸（オリックス）を彷彿とさせるセンター方向に伸びるバックスイングやストレートの伸びが評価されていた。この試合の最速は144キロ止まりで自己最速の148キロには及ばなかったが、4つの三振を奪ったフォークボール、1つの三振を奪ったスライダーのキレは超高校級と形容されるレベル。また左打者の内角に腕を振って投じるカットボールや、100キロ台のカーブも見応えがあった。

走者を一塁に背負ったときのクイックモーションは最速1秒ジャストがあり、これはプロでもトップレベル。始動から投げたボールがキャッチャーミットに達するまでの投球タイムも2秒そこそこで、体作りが完成したら山﨑颯一郎のような本格派に化けるのではないかという楽しみがある。こうして全選手を見渡してみると、即戦力候補と将来性がうまくミックスした指名になっていることに気づかされる。

福岡ソフトバンクホークス

近藤健介

投打ともに「切り札不在」を招いたフロント戦略の功罪

年	シーズン順位	交流戦順位	観客動員数
2018	2位	4位	256万6554人(3位)
2019	2位	1位	265万6182人(3位)
2020	1位	—	53万2723人(2位)
2021	4位	11位	46万2060人(11位)
2022	2位	4位	224万7898人(3位)

*( )は12球団中の順位

選手の年齢構成（ソフトバンク）

年齢	投手	捕手	一塁手	二塁手	三塁手	遊撃手	外野手
19	大野稼頭央					イヒネ・イツア	
20	風間球打 木村大成				井上朋也		
21		牧原巧汰				川原田純平	笹川吉康
22	松本晴	吉田賢吾					水谷瞬
23		渡邉陸			野村大樹		甲斐生海
24	田浦文丸 スチュワート 尾形崇斗 大津亮介			三森大貴	増田珠 リチャード		正木智也
25	津森宥紀	九鬼隆平					佐藤直樹
26	杉山一樹 泉圭輔 髙橋純平 笠谷俊介 大関友久	谷川原健太 海野隆司				川瀬晃	柳町達
27	甲斐野央 松本裕樹 藤井皓哉			周東佑京		野村勇	栗原陵矢
28	板東湧梧 高橋礼 椎野新 モイネロ オスナ 古川侑利						上林誠知
29							
30	武田翔太						近藤健介 ホーキンス
31	森唯斗 有原航平	甲斐拓也					牧原大成
32	石川柊太 ガンケル	嶺井博希			アストゥディーヨ	今宮健太	
33	東浜巨 又吉克樹						
34	嘉弥真新也		中村晃			ガルビス	
35～	和田毅						柳田悠岐

［註］ポジションは22年の一、二軍の守備成績を参考

投打の切り札を育成することが常勝球団復活の早道

シーズン序盤の3、4月を15勝11敗の2位でスタートした22年、5月末には2位楽天に0・5ゲーム差をつける30勝19敗で首位に立ち、競馬にたとえるなら「好位差し」が可能なポジションにつけた。13年以降の過去10年で日本シリーズを6回制しているソフトバンクなら、ここから一気に突っ走ると多くの野球ファンが考えたが、中盤以降の伸び足が緩み、優勝がかかった10月2日、オリックスが楽天に勝ったのに対し、ソフトバンクはロッテに敗れてゲーム差なしの2位に甘んじた。

黄金時代には14～17年までの守護神・サファテや15～18年までOPSが10割前後を記録した柳田悠岐こそいたが、野手は松田宣浩、今宮健太、中村晃、デスパイネ、投手は千賀滉大、東浜巨《なお》、森唯斗、モイネロなど個人技よりチーム全体で盛り上げた。そういうチーム力を作り上げる上で大きな力になったのが育成ドラフトである。05年に採用された制度で、支配下登録70人の枠は変わらないが、支配下に収まらない「育成枠」なら制限なしで選手を抱え込むことができるようになった。

この制度をソフトバンクはうまく活用した。最低年俸240万円、支度金300万円はかなり割安だが、数年前の日本ハムは年俸の総額が決められていたため、割安の育成選手さえチーム内に置かなかった。それに対してソフトバンクは10年に千賀（育成4位）、牧原大成（同5位）、甲斐拓也（同6位）、13年に石川柊太（同1位）、17年に周東佑京（同2位）、砂川リチャード（同3位、現在のリチャード）、大竹耕太郎（同4位）、19年に大関友久（同2位）などを獲得、他球団を圧倒する分厚い戦力を構築した。

しかし、野球は野手のレギュラーポジションがセ・リーグは8つ、パ・リーグは9つと決められ、投手も一軍登録31人のうち半分の15～16人くらいが定数なので70点の選手を多く保有しても使える数に限りがある。分厚い戦力はAクラス入りに有利に働いても90点の選手を数人保有するチームに敵わないというのは21、22年のパ・リーグを見ればよくわかる（新型コロナウイルスの影響で、20年以降、出場選手登録が29人→31人、ベンチ入りが25人→26人に拡大しており、それが今季も継続される）。

過去2年のオリックスとソフトバンクを比較すると、投打に山本由伸、吉田正尚を擁するオリックスと、千賀、柳田が切り札として機能しなくなったソフトバンクの差という見方ができる。切り札が育たない背景を探っていくとドラフト1位が期待に応えていない現実にぶち当たる。13年以降、加治屋蓮、松本裕樹、髙橋純平、田中正義、吉住晴斗、甲斐野央《ひろし》、佐藤直樹、井上朋也、風間球打《きゅうた》が1位で指名され、同時期オリックスは吉田正、山岡泰輔、宮城大弥《ひろや》を1位指名している。

ソフトバンクの戦力は巨大で、育成出身者を戦力に仕上げていくフロント戦略やファーム指導者の育成能力は歴史に名を残すが、過去2年優勝に手が届いていないのはドラフト1位が大きな戦力になっていないからでもある。歴史に名を残すフロント戦略が功罪半ばで語られるのはソフトバンクくらいで、このフロント戦略がもたらした切り札不足は今季も続いているように見える。

ここ数年、切り札不足を補ってきた外国人選手は、主軸を打ってきたデスパイネ、グラシアルの成績が年々右肩下がりになり、投手は長く抑えを務めた森唯斗に衰えが見え、8回を完璧に抑えていたモイネロを抑えに回すことによって勝機を逃すこともある。

工藤公康前監督の後を継いだ藤本博史監督に課されているのは若手の育成だが、次代のエース、主軸という部分にまで踏み込んでほしい。22年11月30日には四軍設置も発表され、これは日本球界初の取り組み。球団のホームページには「2024年以降、バイオメカニクスやトラッキングシステムを取り入れた最先端設備を導入し、よりテクノロジーやデータを活用できるトレーニング環境のさらなる構築を計画中」とあるので、私は近い将来の黄金時代到来を期待している。

スタメン分析

メディアが騒ぐほど大補強は脅威ではない

FA権を行使した近藤健介（元日本ハム）の獲得からスタートし、他球団の主力選手、メジャー帰りの有力投手にまで手を伸ばし、昨年オフの大補強に要した費用は80億円にのぼるという（金額はすべて推定）。

近藤健介（日本ハム・外野手）　7年50億円
嶺井博希（DeNA・捕手）　4年3億円
オスナ（ロッテ・投手）　1年6億5000万円
ガンケル（阪神・投手）　1年1億6000万円
有原航平（レンジャーズ・投手）　3年15億円

5人以外にも、アストゥディーヨ内野手（1億8000万円）、ホーキンス外野手（6000万円）が入団して、メディアは盛んに〝超大型補強〟と煽る。それに対して主な退団者は千賀滉大（→メッツ）、松田宣浩（→巨人）、大竹耕太郎（→阪神）、田中正義（→日本ハム）、デスパイネ、グラシアル、レイなどで、金額はともかく冷静に超大型の中身を分析すると、他球団の脅威になるのはオスナだけだと思う。

HAWKS
福岡ソフトバンクホークス

スタメン候補

	[スタメン]	[控え]
捕	甲斐　拓也	嶺井　博希
		＊渡邉　陸
一	アストゥディーヨ	＊中村　晃
二	＊三森　大貴	＊川瀬　晃
三	＊栗原　陵矢	リチャード
遊	今宮　健太	野村　勇
左	ホーキンス	＊上林　誠知
中	＊柳田　悠岐	＊牧原　大成
右	＊周東　佑京	＊柳町　達
D	＊近藤　健介	

＊は左打ち

この本を執筆する前に各球団のスタメン候補（と控え候補）、ピッチングスタッフ候補（先発、中継ぎ、抑え、その他）を多めに予想する。作業を進めながらレギュラー候補から控え、先発候補からその他、さらに候補そのものからふるい落とし、現実的な人数に整理していくのだが、その作業をやると野球とは野手も投手も定員が限られているスポーツだとわかる。

たとえば、私の予想ではＦＡ権を行使した近藤（外野手、指名打者）と嶺井（捕手）を獲ったことにより昨年ファームで本塁打29、打点84を残したリチャードは控えに回り、〝打てる捕手〟として注目されている渡邉陸の序列は1つ下に落ちた。またアストゥディーヨとホーキンスの入団で中村晃、牧原大成、上林誠知《せいじ》が控え候補に押し出された。このへんの事情は他球団も一緒なので何とも思わないが、近藤の補強によって失われるリチャードの可能性を天秤にかけるとプラス面ばかりでないことがわかる。

はっきり言って、ソフトバンクに今必要なのは塁上の走者を掃除するポイントゲッター。近藤の過去の成績を見れば本塁打は21年の11本、打点は18、21年の69がキャリアハイ。実働11年の通算打率・307が示すように、ヒットの量産こそが近藤の真骨頂で、昨年の長打不足を補う人材ではない（昨年のチーム最高成績は柳田悠岐の24本塁打、79打点）。

21年にBクラスに落ちた責任を取って工藤公康監督が退陣し、その後任には小久保裕紀《ひろき》ヘッドコーチ（現二軍監督）が最有力候補だったが、多くの予想を覆して藤本博史二軍監督が就任した。若手の育成に重きが置かれた戦略だが、それが一転して今回の大補強に転換した。常勝球団が気づいたら過去5年で1回しか優勝していないことに危機感を持ったのだろう（日本シリーズ出場は3回）。しかし、補強のやり方があまりにも近視眼的で、方針が一定しないですぐ変わるほうに危うさを感じる。たとえば、近藤を獲るならアストゥディーヨとホーキンスを獲らずにリチャードや柳町達《たつる》などの若手を起用しやすい環境を作るなど、やることはいくらでもあったはず。

さて今季のスタメン候補を見ると、他球団にくらべてセンターラインに安定感がある。特筆すべきは遊撃手、今宮健太の復活。22年は5年ぶりに100安打超えを果たし、守備率・985は源田壮亮（・988）に3厘差のリーグ2位、守備機会477は紅林弘太郎（オリックス）の514、源田の486に迫る。二塁、三森大貴《まさき》と形成する二遊間はホークス内野陣の顔だ。

ピッチングスタッフ分析

ファームに塩漬けにされるドラフト1、2位組

千賀滉大がFA権を行使してメジャーリーグのメッツに移籍した。16年以降、毎年2ケタ勝利を続け、通算87勝を挙げる安定感を発揮した。たとえば過去3年、千賀以外で2ケタ勝利を挙げたのは20年＝石川柊太11勝3敗、21年なし、22年＝東浜巨10勝6敗の2人だけ。昨年のチーム成績は防御率3・07（リーグ3位）で優勝は最終戦のロッテ戦に敗れてゲーム差なしでオリックスに譲った。そういう状況で安定感十分のエースがチームを去ったのである。

千賀がチームを去ってからの発言も気になる。

「ポスティングを5、6年前からお願いしていてそれを断られるところまでは普通に理解はしていたんですが、そこからのなぜダメなのかという話までになった途端、時間が合わない、忙しい（といった）理由で最終的なミーティングすら行ってもらえず、それを言われた瞬間に何かが切れるものがあった」という記事が出回り、のちに「今後ポスティングをしたいという後輩たちが出てきた時に、声をあげにくい環境にならないように、選手が声をあげやすいようにしたかった」とインスタライブで弁明するに至った。

ピッチングスタッフ			
[先発]	[中継ぎ]	[抑え]	[その他]
東浜　巨	＊モイネロ	オスナ	松本　裕樹
石川　柊太	泉　圭輔		甲斐野　央
杉山　一樹	椎野　新		又吉　克樹
＊大関　友久	＊嘉弥真新也		森　唯斗
板東　湧梧	津森　宥紀		＊和田　毅
ガンケル	藤井　皓哉		有原　航平

＊は左投げ

6年間、チームを支えた生え抜きエースの退団劇に対して、球団は元レンジャーズ・有原航平を3年15億円で迎えたが、千賀の昨年の年俸は6億円である。日本での通算成績は千賀が87勝44敗、防御率2・59、有原が60勝50敗、防御率3・74。結構差があるが年俸の差はわずかのように見える。生え抜きと途中入団組の給与格差は、FA補強が盛んだった巨人でも話題になったが、残された選手の心中は複雑だろう。

抑え候補、オスナ(元ロッテ)の補強は戦力になるだろう。20年までの絶対的なセットアッパー、モイネロが故障などで戦列を離れるようになった森唯斗の代わりに抑えを務めると、中継ぎ陣に脆さが見られるようになった。このポジションの昨年の防御率は嘉弥真新也0・99、藤井皓哉《こうや》1・12、又吉克樹2・10、甲斐野央2・52、森唯斗2・62、松本裕樹2・66、津森宥紀2・91、泉圭輔3・72、椎野新《あらた》4・01でわかるように盤石でない。それが、モイネロが中継ぎに戻ることで、それぞれの責任感が軽くなり、腕を振れる状況が生まれた。藤井の先発志願などさまざまな不確定要素はあるが、安定感十分なオスナの加入でモイネロが中継ぎに戻り、7回までリードすれば勝ちが見えてくる勝利の方程式はオリックスに匹敵する強みだ。

問題は7回までリードするための中盤までの顔ぶれだ。先発陣は千賀のメジャー移籍で厚みがなくなった。毎年〝有望株〟と騒がれてきた選手が多すぎる。杉山一樹、表には載せていないが高橋礼、髙橋純平、スチュアート・ジュニア……等々。田中正義がFA移籍した近藤健介の人的補償で日本ハムに移籍してもこれだけの不完全燃焼組が控えている現状は無視できない。彼らはいずれもドラフト上位組。

育成ドラフト出身の千賀がプロ入り3年目に抜擢されたのに対し、杉山、スチュアート、移籍した田中は抜擢された形跡がない。

筑後市に12球団ナンバーワンの育成施設があっても、一軍の晴れ舞台に送り出す立場の監督、コーチ陣に抜擢する勇気がなければ有望株はいつまで経っても有望株だ。高橋礼、甲斐野央、尾形崇斗《しゅうと》、笠谷《かさや》俊介も一度飛び出す気配はあったが、依然として有望株のままだし、21年1位風間球打はシーズンオフの11〜12月、オーストラリアで行われたウインターリーグには派遣されイニング（14回3分の1）以上の三振を奪い（20）大物感を発揮しているが、問題はいつ一軍の舞台に立てるか。昨年はファームの試合にも登板していない。

ドラフト分析

即戦力を期待しないドラフト戦略がよく見える1位イヒネ

ドラフト前に**1位**入札が**イヒネ・イツア**（誉高・遊撃手）になると公表され、非常に驚いた。動画でバッティングとショートの守備を見て、実際にプレーしているところを見たいと思い、22年夏の愛知県大会3回戦、西尾東高戦が行われる岡崎市民球場（岡崎レッドダイヤモンドスタジアム）まで足を運んだ。

結果は第2、5打席で二塁打を放ち、5打席目の二塁打は5対10で迎えた8回表、2死二、三塁の場面で放ったもの。結果はよかったが、打つ形はあまり感心しなかった。打ちにいくときのステップを慎重に出し、しっかりタイミングを合わせようという意図は見えたが、打ちにいく直前の形、トップに力強さを感じなかったのだ。

足の速さは第2打席で二塁打を放ったときの二塁到達タイム7・87秒で確認できたが、8回の二塁打のときは9・17秒。コンスタントに走らないのは精神的な脆さなのではないかと、かなりがっかりした。守備は三遊間の深いところからのスローイングには魅力を感じたが、3回裏、1死一、二塁の場面で二塁走者がヒットで生還したとき、明らかに間に合わないホームに送球したプレーはやはり精神的な脆さを反映していると思った。これらのプレーを見た私のドラフト順位予想は3位。それを覆す1位入札を見て、改めてソフトバンクの育成能力に対する絶対的な自信を思い知らされた。前で紹介した四軍もチームの将来性重視を背景に設置されたものだろう。3、4年あれば、「ポスト今宮」の一番手に育て上げるという自信が垣間見える1位入札である。

2位大津亮介（日本製鉄鹿島・投手）はソフトバンクが繰り広げてきた2位指名の中では珍しいタイプである。19～21年は野手、18年は速球派、17年はアンダースロー、15～16年は高校生の本格派、14年は高校生野手の名前が並び、社会人の技巧派右腕はこれまでドラフト2位で指名されることはほとんどなかった。大津はタイプ的には18年4位の板東湧梧が近く、その板東が入団以来、リリーフ、先発で好成績を残している。板東の活躍が大津の2位指名につながっているのだろう。

ストレートの最速は152キロだからかなり速い。変化球はカーブ、スライダー、カットボールにフォークボール、チェンジアップ、ワンシームを備え、これら緩急をしっかりコントロールできるところが持ち味。22年都市対抗では1回戦の三菱重工West戦に先発、8回を3失点に抑え勝利に貢献している。四球1という内容に、コントロールのよさがしっかり表れている。

2回戦の東京ガス戦は対照的にコントロールが乱れた。6回表、2死二塁の場面でリリーフし、被安打4、四球2、暴投1、失点2（イニング数は2回3分の1）。帝京大時代、登板したのはわずか3試合という経験値の浅さがこういうところに出てくる。

3位甲斐生海《いくみ》（東北福祉大・一塁手、外野手）は大学4年の秋、リーグトップの本塁打3（オリックス4位の杉澤龍《りゅう》と同数）、打点16を挙げ、一塁手のベストナインに輝いている。大学2、3年のリーグ戦に出場がなく、4年春は打率・278。私が見た22年夏の大学選手権1回戦の九州共立大戦では5番を任されたが、稲川竜汰（1年）の前に4打数0安打、3三振に倒れている。チーム全体で4安打しか放っていないので相手投手を誉めるべきだが、1人で3つ三振しているのは甲斐だけだ。それでもこの日の計4打席で、ストライクの見逃しは0。チーム内では甲斐だけで杉澤でも3球見逃している。この苦い経験を経て4年秋の活躍を招き寄せたのだから強運の持ち主と言っていい。最大の特徴は打球の飛距離である。

4位大野稼頭央（大島高・投手）は高校2年春の鹿児島大会3回戦で優勝候補・樟南高を3対1で破り4強に進出、一躍脚光を浴びる存在になる。このとき対戦した西田恒河《ごうが》（龍谷大）がプロ注目の好投手だったので自然にスカウトの目に止まり、同年秋には6試合すべてで完投勝利を達成、チームを準優勝に導いた。

翌年春のセンバツ大会では1回戦では明秀日立高と対戦、0対8で敗退する。大敗だが外野手の拙守に足を引っ張られた場面があり、取られた点数ほど圧倒的な差ではなかった。

ストレートの最速は146キロ。今の高校野球のレベルでは速球派と呼ぶほど速くはないが、打者の内角をえぐる攻撃的な配球は鮮烈な印象を残した。センバツ大会で計測されたストレートの最速は140キロ。変化球はスライダー、カーブ、チェンジアップ、フォークボール、ツーシームがある。

センバツ大会で目立ったのはディフェンス能力の高さ。バント処理のときに見せる一塁カバーの速さ、また一塁に走者がいるときのクイックモーションの最速は1・02秒という速さ。5回裏には牽制で一塁走者を殺している。5位指名の松本は教育実習で訪れた樟南高のライブ配信で大野のピッチングを見て次のような感想を述べている。

「同じフォームから直球と変化球を投げられ、腕をしっかり振っている印象を受けた。ドラフト後の球団によるメディカルチェックで一緒になり、自分から『大島の大野君だよね？』と声をかけた。まっすぐな性格で、はつらつとした選手だと思った」（南日本新聞）

5位松本晴《はる》（亜細亜大・投手）はストレートの最速が145キロだから技巧派と形容していい。3年春に左ヒジのトミー・ジョン手術を受けたこともあり、上級生になってからの登板は4年春から。通算4勝6敗はかなり物足りないが、110キロ台のカーブと130キロ前後のスライダーを交えた左右の揺さぶりと左右打者にかかわらず、厳しく内角を攻める攻撃的なピッチングに大きな特徴がある。

手術の影響でリリーフ中心に起用されてきたが、長いイニングに耐え得るコントロールと内角を突ける度胸があるので先発もできると思う。全国大会は4年夏の大学選手権、近畿大戦と東日本国際大戦に登板している。結果は計4回3分の1を投げ失点2とよくないが近大戦は4つのアウトすべてがゴロで、東日本国際大戦は9つのアウトのうち6つがゴロだった。低めのコントロールと変化球の冴えがよくわかる。

6位吉田賢吾（桐蔭横浜大・捕手）は強肩と強打がセールスポイント。ソフトバンクにはジャパンクラスの甲斐がいて、若手に渡邉陸、谷川原健太、さらにDeNAからFA権を行使して嶺井博希も移籍してきた。この状態でなぜ大学生の吉田をと思うが、甲斐は過去3年、打率が低空飛行で、22年は・180。自慢の盗塁阻止率も前年の・452（リーグ1位）から・343（同2位）に落ちている。投手陣からの信頼が厚く、実績も十分なので、レギュラー剝奪の可能性は薄いが、吉田の6位指名は私にはインパクトが強い。

3年秋から3シーズンでホームランは合計14本を数え、3年春と4年秋にMVP、4年春には打率4割、本塁打6、打点17で三冠王に輝き、ベストナインも獲得している。二盗阻止に備えたイニング間の二塁送球タイムではしばしば2秒切りを見せ、甲斐を脅かす可能性は十分にある。

埼玉西武ライオンズ

蛭間拓哉

西武らしい「ドラフト1位」
蛭間拓哉にかかる期待

年	シーズン順位	交流戦順位	観客動員数
2018	1位	6位	176万3174人(9位)
2019	1位	5位	182万1519人(10位)
2020	3位	—	30万120人(10位)
2021	6位	7位	62万346人(7位)
2022	3位	5位	121万2233人(12位)

＊(　)は12球団中の順位

選手の年齢構成（西武）

年齢	投手	捕手	一塁手	二塁手	三塁手	遊撃手	外野手
18・19	黒田将矢 山田陽翔	野田海人					古川雄大
20	羽田慎之介					滝澤夏央	
21			山村崇嘉				仲三河優太 長谷川信哉
22	井上広輝					川野涼多	
23	渡邉勇太朗 佐藤隼輔 青山美夏人						蛭間拓哉
24	平良海馬 浜屋将太 隅田知一郎 赤上優人	古賀悠斗				中山誠吾	高木渉 西川愛也
25	今井達也 大曲錬 水上由伸				ブランドン 渡部健人		鈴木将平 若林楽人 児玉亮涼
26	髙橋光成 ボー・タカハシ	柘植世那			佐藤龍世	平沼翔太	愛斗
27	松本航 佐々木健						岸潤一郎
28	宮川哲 與座海人 ティノコ	齊藤誠人					
29	田村伊知郎 張奕		マキノン	山野辺翔			
30	本田圭佑			呉念庭		源田壮亮	川越誠司
31	森脇亮介 公文克彦			外崎修汰			
32	平井克典 エンス		山川穂高 陽川尚将				ペイトン
33							金子侑司
34		岡田雅利					
35～	増田達至				中村剛也		栗山巧

[註]ポジションは22年の一、二軍の守備成績を参考

黄金期のチームと異なる主力のドラフト指名順位

西武を語るとき、私はどうしてもバッティング面から始めたい。ライオンズというチーム名から連想するのが中西太、豊田泰光、大下弘が主軸だった1956（昭和31）～58年に日本シリーズで3連覇した西鉄、そして秋山幸二、清原和博、デストラーデが主軸だった86～92年に日本シリーズで二度、3連覇した西武だからだ（デストラーデが西武に在籍したのは89～92年）。

今の西武はどうかというと、通算454本塁打の中村剛也、通算2086安打の栗山巧こそいるが、彼らに代わる次代の中軸候補が育たず、投手のほうに若手の有望株が揃っている。22年のチーム成績はそんな現在の西武をよく表していた。

打率・229（12球団中12位）
防御率2・75（12球団中2位）※1位は阪神の2・67
得点464　失点448（得失点差＋16）

前半戦を振り返ると本塁打王に輝いた山川穂高が1年間安定してポイントゲッターの役割を果たしたが、それ以外の選手は出遅れた。26勝25敗で3位につけた5月31日現在の打率を見ると、中村・189、森友哉・200、栗山・220、外崎《とのさき》修汰・222、愛斗・234、呉念庭《ウーネンティン》・270、山川・338でわかるように呉と山川以外は低打率に喘いでいる。
それに対して投手陣、とくにリリーフ陣は素晴らしかった。同時期の防御率は、本田圭佑0・00、増田達至0・45、平良海馬0・75、水上由伸0・87……この前半戦の流れが最後まで変わらなかった。流れが変わらなかったのは物足りない、という意味である。ここまで22年前半のキーマンの名前を出したが、彼らの多くはドラフト下位指名だった。
野手……森／13年1位、山川／13年2位、中村／01年2巡、栗山／01年4巡、外崎／14年3位、愛斗／15年4位、呉／15年7位（中村と栗山の指名順位を「巡」で表記したのは01年当時、ドラフトは自由獲得枠制度で行われており、栗山のように3番目に指名されても「4巡」と表記されていたから。他の年度との差別化で「巡」で表記した）
投手……平良／17年4位、水上／20年育成5位、本田／15年6位
1、2位の上位指名は野手の森、山川、中村だけで、あとは4位以下が多い。ドラフト下位や育成ドラフト出身が多いとそのチームのスカウティングを評価する傾向があるが、私は物足りなく感じる。清原たちがいた86〜92年の西武を振り返ってみたい。
野手では石毛宏典《ひろみち》、伊東勤、清原が1位、辻発彦、田辺徳雄が2位、秋山幸二がドラフト外という具合に、圧倒的に上位指名が多い。投手は東尾修、渡辺久信、渡辺智男、潮崎

哲也が1位、石井丈裕が2位、工藤公康が6位、松沼博久、松沼雅之がドラフト外……等々。「ドラフト外」とは大学進学や社会人チーム入社などを匂わせることでドラフトでの指名を免れ、その後の自由競争で志望球団入りするケースなどを言う。上位指名が囁《ささや》かれていた秋山、松沼兄弟がそういう選手で、指名拒否を表明していた工藤も似たケースである。

この当時の西武のドラフトは裏技、密約など、ネガティブな言葉で語られるが、一番素質がある選手を是非とも手に入れたい、という意欲が強く伝わってくる。今はどうか。たとえば17年は人気の清宮幸太郎をスルーして田嶋大樹《だいき》に入札、抽選でオリックスに敗れ齊藤大将《ひろまさ》を指名している。翌18年は藤原恭大、根尾昂らをスルーして松本航《わたる》を単独指名した。90年代前半までのライオンズなら、こういう指名はしなかった。清宮も藤原も根尾も活躍してないじゃないか、という話ではない。結果論ではなく、向かっていく姿勢の問題である。今のライオンズは弱くはないが、黄金期には向かっていないと思う。

FA権を行使した森友哉の後釜を用意していなかったのも寂しい。これまで西武は12球団の中でFA移籍が最も多い。FA権を取得したらチームを出ていく、という予測はあって当然だ。21年、ロッテは高校生の松川虎生《こう》を入札で1位指名、22年はDeNAが高校生の松尾汐恩《しおん》を入札で1位指名した。81年に球団職員の身分で囲っていた伊東勤（所沢高）を1位指名し密約と批判されたが、この時期の好素材に向かっていく貪欲さが今は恋しい。

スタメン分析

森友哉がＦＡ移籍して野手陣の層の薄さがむき出しに

昨年オフ、ＦＡ権を行使した森友哉がオリックスに移籍し、攻撃陣から威圧感がなくなった。今ドラフトで早稲田大の強打者、蛭間《ひるま》拓哉を1位で獲得したが、もっと早く上位指名で野手を獲りに行けなかったのかと思う。毎年同じことを書いているが、来年も山川穂高がＦＡ権を取得する見込みなので、再び同じことを書かなくてはならないかもしれない。

さてシーズンを前にスタメン候補を予想するとき、外国人選手を一塁、外野、指名打者に置いて考えることが多いが、西武の外国人はこのところ活躍していない。近年のチーム成績が一定しない要因である。過去５年間に主な外国人が放った安打数を振り返ってみよう。

18年はメヒア45安打、19年はメヒア27安打、20年はスパンジェンバーグ１０９安打、メヒア49安打、21年はスパンジェンバーグ42安打、メヒア３安打、22年はオグレディ86安打、という体たらく。メヒアなどは14年以降の８年間で通算５６２安打しか記録していないのに在籍し続けていた。１年目以降の本塁打34、27、35、打点73、89、１０３が評価されたのだろう。成績が急降下する直前の16年秋に３年契約を結んでいるので仕方ないが、20年以降の2年間は必要なかったと思う。

メヒアが在籍できたのは、外国人の成績が「当たるも八卦《はっけ》当たらぬも八卦」的な博打《ばくち》の要素をはらんでいることをフロントが知っていたからだ。ならば今年の新外国人、ペイトンにもマキノンにも大きな期待はかけられない。

急務なのはFA移籍した森の後釜だ。実績で見ても柘植《つげ》世那《せな》が一番手にいる。22年は森に次ぐ42試合にマスクをかぶり守備率・993。21年は24試合を守って守備率10割。ただし、バッティングは昨年の打率1割台が示すように安定感がない。ライバル、古賀悠斗も打率1割台なのでパッとしないのは同じ。ディフェンス優位のポジションと言われるが、私は選手の評価は打撃7割で守備&走力は3割だと考えているので、2人とも決定力不足は否めない。

外国人が予定されている外野には若手・中堅層の愛斗、金子侑司、若林楽人《がくと》、鈴木将平がいる。この中で最も爆発力のあるのが若林だ。新人年の21年5月30日に左ヒザを故障して、戦線離脱するまで両リーグ最多の20盗塁を記録、結局シーズン中の復帰は

スタメン候補

	[スタメン]	[控え]
捕	柘植　世那	古賀　悠斗
		岡田　雅利
一	山川　穂高	＊川越　誠司
二	外崎　修汰	＊平沼　翔太
三	＊呉　念庭	中村　剛也
遊	＊源田　壮亮	佐藤　龍世
左	愛斗	＋金子　侑司
中	＊ペイトン	＊鈴木　将平
右	＊蛭間　拓哉	若林　楽人
D	マキノン	

＊は左打ち、＋は両打ち

叶わなかったが、21年の盗塁王が荻野貴司（ロッテ）、西川遥輝（日本ハム）、和田康士朗（ロッテ）、源田壮亮（西武）の24個だったことは後々まで語り草になっている。

翌22年は故障の影響のためか低調に終わっているが、新人年のわずか2カ月ほどの活躍がいまだに取り上げられるのは、チーム全体の野手陣の層が薄いからだ。層を薄くさせている原因はドラフトにある。別表（前ページ）のスタメン候補とその控え選手の顔ぶれを見てほしい。ドラフト1位は今ドラフトの蛭間拓哉だけ。2位も山川穂高と中村剛也だけ。対する投手の1位は別表（55ページ）の通り今井達也、髙橋光成《こうな》、松本航、増田達至、隅田知一郎《ちひろ》、宮川哲の6人もいる。

この差はもちろんドラフト上位でピッチャーばかり指名してきたからだ。また、野手も投手も高校卒が少ない。高校卒は別表の投手では今井、髙橋、平良、羽田慎之介、渡邉勇太朗の5人。野手も呉、愛斗、平沼、中村、鈴木の5人だけ。これだけ見ても、ドラフトに向き合うときの腰の引け方がよくわかる。

来年、FA権を取得する可能性が高いのが山川穂高。残留か移籍か、他球団の動きも含めネットにはさまざまな見方が飛び交っているが、とくに目を引くのはソフトバンク有力というニュース。もし山川が抜けたら、打線の弱体化は目も当てられなくなる。遅きに失した感は否めないが、今年のドラフトからでもいいので野手を1位で指名してほしい。

ピッチングスタッフ分析

平良海馬の先発転向は吉か凶か

今季は中継ぎエースと言える平良海馬が先発転向を直訴しているので、昨年チームを支えたリリーフ陣に弱さが出そうだ。他球団でも森唯斗（ソフトバンク）に同じ問題があり、投手にとって先発で投げることは改めて大きな名誉なのだと思うが、昨年オリックスが証明したように、充実したリリーフ陣を持つことはそれだけで優勝に近い位置にいることになる。それでも、リリーフより先発、中継ぎより抑え、という序列が球界には存在する。

中継ぎの重要性が依然として顧みられていない点は特に問題だ。22年オリックスの宇田川、20年ソフトバンクのモイネロ、05年阪神の藤川球児とウィリアムス、10年中日の浅尾拓也……等々、7、8回のピンチを抑え、9回の抑えに勝利を託す中継ぎこそ真の〝守護神〟という声さえあるのに。

昨年は伝統の強打が鳴りをひそめチーム打率・229（12球団中最下位）、同打点441（リーグ最下位）に対して、チーム防御率2・75（12球団中2位）、同セーブ44（12球団中1位）という投高打低ぶりだった。この投高を支えたのは中継ぎ陣である。

―平良海馬　61試合　1勝3敗9セーブ34ホールド　防御率1・56

水上由伸　60試合　4勝4敗1セーブ31ホールド　防御率1・77　※新人王
森脇亮介　43試合　1勝1敗1セーブ10ホールド　防御率1・72
本田圭佑　45試合　4勝2敗20ホールド　防御率1・97

抑えの増田達至の防御率2・45（52試合、2勝5敗31セーブ）を見ても中継ぎ陣4人の奮闘ぶりがわかる。この4人の中でも平良は20年以降、50試合以上投げて防御率は1・87→0・90→1・56と安定している。23年WBCに出場していないのは、先発転向に備えてコンディションを調整したいためで、その実力は野球界に知れ渡っている。その平良がリリーフ陣からいなくなることの影響は大きい。先発によってもたらされる勝利より、リリーフ陣からいなくなる損失のほうが大きいと思うがどうだろう。

先発陣はエースの髙橋光成が今オフのポスティングシステムを活用したメジャー挑戦を表明している。他球団でも今永昇太（DeNA）、上沢直之（日本ハム）が同様のことを訴えているが、メジャー挑戦の目安（通算勝利数）がだいぶ落ちた。

髙橋55勝、今永57勝、上沢61勝。この基準に合わせると山本由伸（オリックス）の54勝はすでにボーダーラインを突破していることがわかる。

先発は髙橋が過去4年間、10勝→8勝→11勝→12勝を挙げ安定感を増した。年明けには「平均スピードを上げる」とコメント、そのためにはテークバックを小さくするフォーム

ピッチングスタッフ			
［先発］	［中継ぎ］	［抑え］	［その他］
今井　達也	ティノコ	増田　達至	＊佐々木　健
髙橋　光成	水上　由伸		＊羽田慎之介
平良　海馬	本田　圭佑		＊隅田知一郎
松本　　航	森脇　亮介		渡邉勇太朗
與座　海人	平井　克典		宮川　　哲
ボー・タカハシ	張　　　奕		＊エンス

＊は左投げ

改造にとりかかると宣言した。

15年8月23日のロッテ戦で演じた新人年の初完封を見返して現在の髙橋とくらべると、テークバックへ向かうときのバックスイングが当時は内回り、現在は外回り、という点が大きく異なる。背番号が当時は17で現在は13、髪形が当時は黒髪の短髪で現在は茶系の長髪という見た目もだいぶ違うが、テークバックへの向かい方がピッチングフォーム全体の印象を大きく変えているのは確か。15年当時のフォームに戻すというのなら個人的には賛成。

先発転向の平良はエースになれる完成度を備えている。ストレートは最速160キロで平均も155キロ台を保持。長いイニングを経験していないので千賀や山本由伸のように100球を超えても150キロ台後半を計測するかどうかわからないが、クイックモーションからの投球やスライダー、カットボールのキレのよさ、ゴロ処理のときに見せるフィールディングの軽快さなど投げる以外の能力も高く2ケタ勝利は間違いないと思う。

ドラフト分析

1位蛭間拓哉が若手の強打不足を解消してくれるか

1位蛭間拓哉（早稲田大・外野手）は久しぶりに西武らしい1位指名である。20年にも野手の渡部健人を1位指名しているが、渡部は前評価が蛭間ほど高くなかった。誰が見ても1位候補の大物に1位入札で向かっていったという点で〝西武らしい〟という言葉が出てくる。

18年夏の甲子園大会では浦和学院高の3番・中堅手で出場、3試合で打率・273、本塁打1という成績が残っている。素晴らしかったのがバッティングフォーム。私の打者の評価は始動とステップを出すときの動きで8割方決まると言っても過言ではない。ゆっくり前足を上げて（あるいは引いて）、ゆっくり前足を着地させ、ボールを打つ直前に体が割れていさえすれば、バットにボールが当たれば間違いなく強打になる。その動きが蛭間は浦和学院高時代からできていた。

センターから逆方向へのホームランが多いのは、ボールを捉えるポイントがキャッチャー寄りだからだ。真ん中から外のストレートは逆方向、内角はバットを内側から出してライト方向へ引っ張る。

このバッティングは早稲田大に進んでからも変わらない。本塁打は通算13本放ち、注目されるのは早慶戦で5本記録している点。通常のリーグ戦と異なる大観衆、プレッシャーのかかる特別な舞台で力を発揮する能力は、CS（クライマックスシリーズ）出場が多い西武にとって心強い。国際大会では浦和学院高時代にBFA U－18アジア野球選手権、早稲田大では4年時にハーレムベースボールウィークに選出され、活躍している。

2位古川雄大《ゆうだい》（佐伯鶴城高・外野手）は「ギータ2世」と呼ばれてきたスラッガーだ。ギータこと柳田悠岐（ソフトバンク）が左打者、古川が右打者という違いはあるが、古川自身が「目標は柳田選手」とギータを目標に挙げている。

高校通算本塁打は21本。佐々木麟太郎（花巻東高）がすでに2年生にして清宮幸太郎（日本ハム）の持つ高校記録111本に迫っているのとくらべると少ないが、打球を上げる佐々木に対し、古川の打球はライナーが多い。ホームランより二塁打、三塁打が多い、スラッガータイプなのだろう。

ドラフト翌日のスポーツ紙には50m走5・9秒、遠投110メートルとあり、キャッチボールの映像を見ると、山なりのボールがない。大谷翔平（エンゼルス）がキャッチボールのときに心がけているのが「ライナーキャッチボール」だと本で読んだことがあるが、古川に受け継がれているのを見て嬉しくなった。

3位野田海人《かいと》（九州国際大付属高・捕手）は高校野球界で名の通った捕手だ。それが2年時の明治神宮大会準決勝、大阪桐蔭高戦では何と先発投手を任され、5回まで1失点に抑えた。6回に7点を奪われ、7回途中で降板したが、ストレートの最速はこの試合で145キロを計測し、大きい変化のカーブ、スライダーを交え、序盤は試合を作った。

甲子園大会は22年の春、夏連続出場しているが、ヒットは合計2本しか打っていない。前評判の高い選手なので期待値は高いが打ってくれない。私が基準にする慎重で粘っこいステップではなく、非常にあっさりとステップを出す。

ディフェンス面では地肩が強いのはわかるが、イニング間の二塁送球タイムが2秒を切らない。「強肩」の声が聞こえているので、どこかの試合でもの凄い送球をしているのかもしれないが、明治神宮大会、センバツ大会、選手権では普通のタイムだった。プロは見せる（魅せる）世界なので、ここぞという場面では渾身のプレーを見せてもらいたい。

4位青山美夏人《みなと》（亜細亜大・投手）は即戦力候補の本格派右腕だ。リーグ戦の通算成績は12勝3敗、4年春にMVP、ベストナイン、防御率1位に輝き、一躍ドラフト候補に躍り出た。ストレートの最速は平塚で行われた全日本大学野球代表選考合宿の紅白戦で計測した151キロ。このときは代表候補6人と対戦し、5人を凡打、1人を三振に抑えた。135キロで横に変化するスライダーとフォークボールを交えた投球で、その後の日米大学野球選手権こそ選出されなかったが、ハーレムベースボールウィークの代表に選出され、2試合に先発して1勝1敗という成績だった。

個人的な感想を言うと、よく4位に残っていたなと思う。ストレートが速く、投球フォームがよく、コントロールが安定し、変化球はカーブ、スライダー、カットボール、フォークボール、ツーシームなど多彩で、2位で指名されてもおかしくなかった。

5位山田陽翔《はると》（近江高・投手）は22年の高校野球を代表する顔だ。それがドラフトでは4位までに名前を呼ばれず、5位指名になった。本人もマスコミも上位指名を予測していたと思うが、その後の会見では恨みがましいことを言わず、プロ入りを颯爽と宣言した。

センバツ、選手権とも初戦が一番よく見えた。ストレートの最速はセンバツ初戦の長崎日大戦が146キロ、選手権の鶴岡東戦が148キロ。175センチの上背を大きく見せようと胸を張った大きなフォームに特徴があり、腕は真上から振る。素晴らしいのがツーシームとカットボールのキレ。右打者にはツーシーム、左打者にはカットボールを内角に投げて踏み込みを許さず、外角勝負と思いきや、さらに内角を突いて打ち取る。

この攻撃的精神はやはり上背がそれほどなかった松坂大輔（横浜高）、桑田真澄（PL学園高）を彷彿とさせる。バント処理のときのフィールディングの軽快さや状況判断の的確さ、さらに一塁走者がいるときのクイックモーションの速さ……等々、1年目から一軍でやれる力が備わっているが、選手権の準々決勝・高松商戦が6失点、準決勝下関国際高戦が5失点（自責点4）でわかるように、大会終盤のスタミナ切れが目立った。

生命線である高いリリースポイントでのボールの押さえ込みが甘くなっているのである。プロでは過度な投げ込みや連投がないので杞憂と思われそうだが、シーズン中盤から終盤にかけてのスタミナ切れがどうしても気になる。長所と短所が隣り合っているので、肉体強化で乗り越えるしかない。私は即戦力になり得る素材だと思う。注目の浅野翔吾（高松商→巨人1位）とは選手権の準々決勝で対戦し、試合は7対6で勝ったが、第2打席で2ランホームランを打たれるなど、3打数3安打2打点で完敗。第4打席の1死一、二塁の場面では申告敬遠の屈辱を味わわされた。その仕返しはプロできちっと果たしたい。

6位児玉亮涼《りょうすけ》（大阪ガス・遊撃手）は166センチの上背で九州産業大時代は日米大学野球選手権（2、3年）、ハーレムベースボールウィークの代表に選出され、3大会で合計12本のヒットを放っている。

バッティングの最大の特徴は逆方向への右打ち。内角を厳しく攻められてもキャッチャー寄りまで呼び込んでライト方向に押し込む姿は、前監督の辻発彦氏を思わせる。社会人野球の大舞台、都市対抗、日本選手権では目立った活躍はしていないが、凡打でも足を緩めない全力疾走や好守はスカウトの目を引いた。

東北楽天ゴールデンイーグルス

武藤敦貴

安田悠馬、武藤敦貴の抜擢で今年こそ「若返り」を！

年	シーズン順位	交流戦順位	観客動員数
2018	6位	12位	172万6004人（10位）
2019	3位	6位	182万1785人（9位）
2020	4位	—	23万6084人（12位）
2021	3位	6位	61万5237人（8位）
2022	4位	7位	133万1131人（10位）

＊（　）は12球団中の順位

選手の年齢構成（楽天）

年齢	投手	捕手	一塁手	二塁手	三塁手	遊撃手	外野手
20	泰勝利						吉野創士 前田銀治
21	内星龍					入江大樹	
22	林優樹 小峯新陸			黒川史陽			武藤敦貴
23	荘司康誠 渡辺翔太 伊藤茉央	安田悠馬					
24	松井友飛 西垣雅矢	石原彪					
25	藤平尚真 髙田萌生 早川隆久 高田孝一 内間拓馬 宮森智志			平良竜哉			
26	津留﨑大成 小孫竜二	堀内謙伍				村林一輝	渡邊佳明
27	安樂智大 西口直人 鈴木翔天 藤井聖 吉川雄大	太田光		伊藤裕季也			辰己涼介 小郷裕哉 正随優弥
28	松井裕樹		和田恋			山﨑剛 小深田大翔	
29	弓削隼人 瀧中瞭太		ギッテンス		茂木栄五郎		田中和基
30	酒居知史				横尾俊建		吉野創士
31	宋家豪	田中貴也	フランコ				西川遥輝
32	森原康平 石橋良太 バニュエロス						
33	則本昂大 辛島航			浅村栄斗			島内宏明
34			鈴木大地	阿部寿樹			岡島豪郎
35～	田中将大 塩見貴洋 岸孝之	炭谷銀仁朗	銀次				

[註]ポジションは22年の一、二軍の守備成績を参考

チームの高齢化への危機感がまったく感じられない

私はプロ野球12球団の名前を思い出そうとするとき、セ・パの順に「巨人、中日、阪神、広島、大洋、ヤクルト」「南海、東映、西鉄、阪急、近鉄、ロッテ」となる。「新興宗教を立ち上げたら、経文はこの『巨人～』だね」とよくからかわれる。昭和40年代のペナントレースの順位を基本に少し上下を入れ替えて思い出しやすいようにしたものだが、一目瞭然でパ・リーグはロッテ以外すべて親会社が替わり、セ・リーグは大洋以外、健在である。身売りした球団の現在の親会社は、南海→ソフトバンク、東映→日本ハム、西鉄→西武、阪急→オリックス、近鉄→楽天（楽天は新規参入球団）、大洋→DeNAで、日本社会の中で確実に経済規模を広げているIT企業が、ソフトバンク、楽天、DeNAの3社もいる。

改革のスピードが遅いと言われる中で、05年の球界再編騒動を経てプロ野球界は巨人人気に頼らない健全な経済基盤を築き、そういう動きを推進したのはパ・リーグを中心としたエコノミックパワーやマンパワーだった。今後も球界の改革は起こるだろうが、そのとき推進役になるのは速い意思決定が可能な創業オーナーを球団のオーナーに持つソフトバンク、楽天、DeNAの3球団ではないのか。管理占有権を100パーセント保有する全面天然芝の自前の球場、楽天モバイルパーク宮城のレフトスタンド後方に見える観覧車。これを見ているだけで「球界の古臭い伝統をぶち壊す」という楽天の思いが伝わってくる。同パークのスタンドを見回すと、02年に訪れたMLBの本拠地球場を飾るパッチワークのような広告群を思い出す。楽天のめざすチーム作りが見えてくるが、チームの改革はなかなかうまく進まないようだ。

最大の課題はチームの若返り。フロント陣は、若さの線引きができていないのだろう。22年のドラフトを見ると、チームの高齢化に対する危機感がまったく感じられない。指名した6人のうち5人は大学生と社会人の投手。

67ページの今季の「スタメン候補」を見てほしい。野手の茂木栄五郎、山﨑剛《つよし》、辰己涼介、ギッテンス以外は30代で、茂木、山﨑、辰己、ギッテンスも20代後半だ。投手ばかり指名していい状況ではない。そもそもレギュラー候補に挙げた炭谷銀仁朗、西川遥輝、浅村栄斗の成績は、近年下降線を描いている。

投手も野手も年齢を重ね、シーズン中盤以降スタミナ切れになるというのは過去2年の成績で証明されている。そういう現実から目を背け、どうして同じようなドラフト、同じようなトレードを繰り返すのか、私にはわからない。

中日との間で涌井秀章と阿部寿樹《としき》のトレードを敢行したが、昨年阿部と同じ二塁、三塁

（一、遊撃）を守った有力選手は浅村、茂木、山﨑、鈴木大地、小深田大翔（こぶかたひろと）、黒川史陽（ふみや）、渡邊佳明と7人もいる。30歳を境に本格化した阿部の昨年の守備実績は一塁10試合、二塁73、三塁56、外野7とユーティリティぶりを発揮しているが、同様に楽天の内野陣も見てみると、鈴木は一塁78、三塁55、黒川は二塁4、三塁13、山﨑は遊撃64、三塁1、外野1、小深田は遊撃95、二塁19、三塁1、茂木は三塁63、遊撃5、渡邊は三塁20、二塁18、外野7と同じようなユーティリティが多い。

彼らと同じ万能型で今年34歳になる阿部が本当に必要だったのか。ドラフトで唯一指名した社会人の平良竜哉《りゅうや》も一塁、二塁、三塁を守れるユーティリティプレーヤーである。ユーティリティプレーヤーが重宝されるMLBでプレーした経験のある石井一久監督がメジャー型のチーム作りをめざすのはわかるが、ユーティリティタイプが必要とされるのは控えクラスなのではないか。

投手陣に目を転じると、確かにベテランが多い。ただ、田中将大、則本昂大、岸孝之はまだ余力を残しているし、移籍した涌井もまだ残しているように思える。その間に将来を託せる野手を1、2位で1人くらい獲ってほしかった。ライバルになりそうなソフトバンクがイヒネ、西武が蛭間を1位で指名しているのを見ると、余計にそう思う。

スタメン分析

安田悠馬、武藤敦貴の抜擢で若返りを

改めてスタメン候補とその控えの顔ぶれを見て高校卒の少なさにため息が出る。炭谷銀仁朗、浅村栄斗、西川遥輝は移籍組なので高校卒の括りから除外。そうなると控えの銀次しか見当たらない。在籍する支配下の生え抜き選手を見ても堀内謙伍《けんご》、黒川史陽、入江大《だい》樹《き》、村林一輝《いっき》、吉野創士《そうし》、前田銀治、武藤敦貴《あつき》しかいない。こういう出自構成を「個性」とは言わない。一言で言うと、「不健全なチーム作り」である。

スタメン候補の高年齢も気になる。20代は今季27歳の辰己涼介、28歳の山﨑剛、29歳の茂木栄五郎だけ。25歳以下の若手は控えの安田悠馬23歳と武藤敦貴22歳だけ。この2人に22歳の黒川（二、三塁手）を加えた若手の抜擢がないか心待ちにしているのだが。

他球団の主力だった選手が多いので打線に強さはある。チーム打率・243（リーグ3位）、本塁打101（3位）、得点533（2位）、盗塁97（2位）はいずれもリーグ上位だ。打撃成績には3位島内宏明（・298）、8位辰己（・271）、11位小深田大翔（・267）、14位鈴木大地（・257）、16位浅村（・252）、19位西川（・218）の6人が名を連ねているが、これはリーグ最多。ちなみにソフトバンクは2人しか規定打席に達していない。

若手・中堅の育成に精魂を傾けたソフトバンク・藤本博史監督と、勝利にこだわった石井一久監督の差とも言えるが。

気になるのは中日から移籍してきた阿部寿樹の起用法。前にも書いたが、阿部は昨年133試合に出場して打率・270、安打131、本塁打9、打点57。これはレギュラーの成績である。年齢は34歳になる。昨年守ったポジションは一塁10、二塁73、三塁56、外野7だが、本職は二塁。楽天のスタメン候補を見ればわかるように、内野には打撃成績に名を連ねた中堅・ベテランがずらりと揃っている。規定打席に未到達の茂木と三塁を争うプランもあるが、2人の打撃スタイルをくらべると、長打と脚力で上回る茂木は外したくないし、年齢も茂木は20代だ。

だからわからない。最も人材が揃っている内野に、力はあるが他球団のベテランの野手をどうして獲る必要があったのか。抜擢してほしいと書いた黒川は昨年ファームで二塁手として86試合に起用され、打撃成績は打率・262、安打96、本塁打6、打点50を残し、打率はイースタンリーグの6位。この成績

スタメン候補

	［スタメン］	［控え］
捕	炭谷銀仁朗	太田　光
		＊安田　悠馬
一	フランコ	＊鈴木　大地
二	浅村　栄斗	＊黒川　史陽
三	＊茂木栄五郎	阿部　寿樹
遊	＊山﨑　剛	＊小深田大翔
左	＊島内　宏明	＊岡島　豪郎
中	＊辰己　涼介	＊武藤　敦貴
右	＊西川　遥輝	＊小郷　裕哉
D	ギッテンス	

＊は左打ち

は黒川が発している「成長期」のサインだと思う。「今が抜擢する頃合いですよ」と。

もう1人の有望株が武藤だ。19年ドラフト4位で入団した外野手で、昨年のイースタンリーグの打撃成績は打率・336、安打51、本塁打3、打点13、盗塁17で、OPS（長打率＋出塁率）は・916という高さである。規定打席に到達していないが、51安打は評価できる数字。球団の緊急課題が〝若返り〟なのはここまで読んだ人なら誰でもわかるはずなので、左打ちがどうとか、ホームラン数が少ないとか文句をつけないで、レギュラーに近いポジションで起用してほしい。

安田も期待値が高い。昨年の開幕ゲーム、ロッテ戦のスタメンに8番・捕手で名を連ねた。結果は3打数ノーヒットだったが、翌々日の第2戦にも同じ打順でスタメン出場し、第1打席でレフト前にヒットを打っている。石井監督の若返りに寄せる思いはファンと一緒なのだということがよくわかった。

捕手安田、二塁黒川、左翼武藤でスタメン候補を組み直したら、〝不健全なチーム作り〟という前言は撤回する。欲を言えば、21年1位吉野創士の育成にも力を入れてほしい。同期のロッテ1位松川虎生は一軍のレギュラー捕手の座をつかみかけているのだから。

ピッチングスタッフ分析

早川隆久、藤平尚真が優勝を狙うキーパーソン

投手陣は野手よりも威風堂々としている。10年前の13年に24勝0敗でＭＶＰに輝いた田中将大、同年にルーキーとして15勝８敗を挙げ新人王に選出された則本昂大、13年当時西武で投げていた岸孝之は7年間で6度目の2ケタ勝利となる11勝5敗を挙げ、シーズン終了後には3年総額12億円の大型契約を結んでいる。

凄いことは間違いないが、すべて10年前の話である。則本は生え抜きなので不自然さはないが、岸、田中は移籍組。ローテーション候補6人のうち3人が、盤石の実績を誇るベテランで固められてしまえば、若手が入り込むスキはわずかだ。昨年までは通算１５４勝の涌井秀章（中日）までいたのである。

若手の現状はどうなっているのか。98年生まれまでの25歳以下で見てみると、先発で起用されているのは早川隆久だけで、一軍で多く起用されている西垣雅矢、宮森智志《さとし》はリリーフ専門、あとの高田孝一、内間拓馬、松井友飛《ともたか》、高田萌生《たかたほうせい》は１～３試合の登板にとどまっている。

そんな中で、16年ドラフトの単独1位、藤平尚真《しょうま》には復活の気配があった。7月18日

ピッチングスタッフ			
[先発]	[中継ぎ]	[抑え]	[その他]
田中　将大	酒居　知史	＊松井　裕樹	高田　孝一
則本　昂大	安樂　智大		瀧中　瞭太
岸　　孝之	宮森　智志		＊弓削　隼人
＊早川　隆久	西口　直人		＊バニュエロス
＊辛島　　航	宋　　家豪		荘司　康誠
藤平　尚真	松井　友飛		津留﨑大成

＊は左投げ

のオリックス戦では2年ぶりの先発マウンドに上って4回を2安打、1失点で勝敗なし。7月31日の日本ハム戦は5回、3安打、3失点で勝敗なしと好投が報われなかったが、8月21日のロッテ戦では先発して5回3分の1を投げて、1安打、無失点の好投で18年以来、4年ぶりの勝ち星を挙げた。9月1日のオリックス戦は3回途中までに4失点を喫して降板し、シーズン成績は1勝0敗、防御率3・97に終わったが、若手が揃って討ち死に状態の現状では期待できる内容だ。

150キロ台のストレートで押していく力強さは健在で、カーブ、スライダー、勝負球のフォークボールで三振を取るスタイルも変わりない。持ち球の1つひとつを見ればどうして過去4年間で1勝しかできなかったのか不思議でならない。

20年ドラフトで4球団が1位競合した早川も期待を裏切っている。1年目は9勝7敗、2年目は5勝9敗で終わり、防御率は両年とも3・86。欠点は一発病。1年目は24試合に投げて被本塁打11、2年目は19試合に投げて19本被弾している。これはリーグワースト1位である。

前肩が最後まで開かず、ボールの出どころが打者からは見えづらく、速いストレートをさらに速く見せる「本格技巧」が早川の真骨頂。しかし、ゲーム序盤に好投しても中盤以降に技巧が捉えられる。技巧を持ち味にするピッチャーにとって最も重要なファクターはストレートである。たとえば10年前の田中将大には速さと技巧があったが、帰国してからは打者を押し込む速さがなくなり、技巧だけで勝負しているように見える。そういう〝技巧自慢〟が早川のピッチングにも見られる。

若い2人には自分の覚醒こそが優勝争いするためのキーポイント、という自覚を持ってほしい。早川と藤平が先発ローテーションの先頭に立って、ベテランの田中、則本、岸を引っ張っていけば、石井監督の悲願である10年ぶりの優勝があるかもしれないのだ。

リリーフ陣は守護神の松井裕樹が安定してきた。入団以来リリーフひと筋と言いたいが、20年に先発志望を訴え、実際に先発して勝ち星を挙げているものの、翌年から再び抑えに戻り、21、22年は防御率が0・63、1・92で推移し、23年春に行われるWBCの日本代表にも選出されている。「リリーフから先発」は他球団でも見られる現象だが、松井がすでに答えを出していると私は思っている。

ドラフト分析

大学生、社会人ばかりの投手偏重指名に違和感が

1位荘《しょうじ》 司康誠《こうせい》（立教大・投手）はドラフト翌日の日刊スポーツ紙によるとストレートの最速が154キロ。変化球はスライダー、フォークボールにカーブ、カットボール、チェンジアップがある。春の慶應大戦を見て思ったのは素晴らしい素材だが即戦力ではないな、ということ。このときのストレートの最速は151キロ。140キロ前後のカットボールのキレが素晴らしく、同じスピード帯のフォークボールは落差こそ小さいが、打者の近くで鋭く落ちる。

不満だったのが球離れの早さ。投げ始めからボールがキャッチャーミットに到達するまでの投球タイムは2秒超え。これくらいの速さなら下半身が先導して上半身がついていく理想のフォームで投げられるはずだが、荘司の場合は前半の動きがゆったりして、テークバックからあとの動きが速い。

コントロールは悪くはないが甘い。また配球の問題もあるが外角球が多い。プロで勝負するなら、どれだけ厳しく内角を突けるかが勝負になる。一塁に走者がいるときのクイックモーションのタイムも1・2秒以上と遅い。リーグ17試合に登板して通算2勝1敗、防

御率2・56を見ても、経験不足がわかる。国際大会は22年のハーレムベースボールウィークに出場、2試合に登板して0勝1敗の記録が残っている。

2位小孫竜二《こまごりゅうじ》（鷺宮製作所・投手）は遊学館高、創価大時代から、ドラフト候補と騒がれていた本格派だ。ストレートの最速は155キロとか156キロと紹介されるが、とにかく速い。私の手もとにあるノートを見ると、22年都市対抗の東京代表二次予選、NTT東日本戦が最速152キロだった。このストレート、速いのに空振りが思ったように取れない。これは大学時代から言われてきたことで、プロ解禁の社会人2年目の21年、ドラフトで指名洩れになった最大の原因だろう。変化球はカーブ、スライダー、フォークボール、ツーシームがあり、ベストボールは140キロくらいのフォークボール。

課題は荘司同等、内角に投げ切れないところ。今、プロ野球界では150キロくらいのストレートは珍しくない。そのストレートを速く見せるのがプロの〝技〟である。その点でも物足りなかった。遊学館高、創価大時代もドラフト候補だったのに指名されなかったのは、そういう投手らしくないところにスカウトは不満があったのだろう。

ちなみに、NTT東日本戦は6対1でリードした7回裏に突然崩れて3失点を許し降板している。崩れの原因は〝ガス欠〟と言っていいだろう。無走者のときクイックモーションで投げたり、走者が一塁にいるときのクイックモーションが1秒を切る猛烈な速さなど、社会人ならではの技巧も身につけている。

3位渡辺翔太（九州産業大・投手）はストレートが最速151キロを計測した本格派右腕だ。本格派右腕と言っても荘司や小孫と違うのはリリース時にボールを抑え込めるところ。低めに伸びる球筋である。

大学3年春から4年春までの3シーズンは負けなしの14勝を記録。防御率も毎シーズン、1点台を堅持していた。ヒザを抱え込むフォームに特徴がある。少し前傾してマウンドから勢いをつけて向かってくるフォームは打者からしたら怖いのではないか。その反面、このフォームではテークバック時の体の割れが不十分になり、制球が甘くなる。変化球はスライダー、カットボール、フォークボールがあり、スポーツ紙には中学2年から習得したパームボールも持ち球にすると紹介されている。プロでも投げる投手は非常に少ない球種なので強力な武器になりそうだ。

22年に行われたハーレムベースボールウィークの日本代表に選出され、キューバ戦に先発して3回投げ3失点、オランダ戦にリリーフで1回投げ無失点、勝利投手になっている。初めての国際大会はチームメイトに矢澤宏太（日本ハム1位）、荘司康誠（楽天1位）、菊地吏玖《りく》（ロッテ1位）、曽谷《そたに》龍平（オリックス1位）、蛭間拓哉（西武1位）、森下翔太（阪神1位）など華やかなメンバーが揃い、いい経験になったと思う。

4位伊藤茉央《まお》（東農大オホーツク北海道・投手）はサイドハンドの右腕。22年の大学選手権1回戦、宮崎産業経営大戦に先発して被安打2、与四球2、奪三振6、失点0の完封劇を演じて一躍名を上げた。ストレートは140キロ台前半で速くないが、サイドハンドの生命線、スライダーとシンカーによる内外の揺さぶりでバッターの目を翻弄した。

前年の明治神宮大会2回戦、慶應大戦では二番手で登板、1イニング3分の1を投げ自責点5で降板している。ドラフトで指名された正木《まさき》智也（ソフトバンク）、萩尾《はぎお》匡也《まさや》（巨人）、今後プロ入りの可能性のある廣瀬隆太（慶應大4年）からヒットを打たれているように力不足は明らかだった。

1年後に完封劇を演じた反発力は評価されるべきだが、今持っている変化球をより有効に生かすにはストレートの速さをさらに求めなければならない。

5位平良竜《りゅうや》哉（NTT西日本・二塁手）は2番を打つチャンスメーカーと言いたいが、待ち球がきたら迷いなくフルスイングしてレフト方向に打ち返すハードパンチャーといったほうがピンとくる。ソフトバンクの新人として昨年2ケタの10本塁打を放った野村勇《いさみ》がタイプとしては近い。前にも書いたが、一塁、三塁も守れるユーティリティプレーヤーで、石井監督に重宝がられると思うが、1つのポジションで起用すれば野村のような成績を残す可能性がある。

6位林優樹（西濃運輸・投手）は近江高3年時、春、夏の甲子園大会に出場して注目を集めた左腕だ。とくに夏の選手権は左腕からカーブ、チェンジアップなど大きな縦変化のボールを生かして打者を翻弄、全盛期の星野伸之（元オリックスなど）を思わせる技巧派ぶりでチームを準々決勝まで導いた。このときの印象が強すぎて、現在の最速147キロという数字がすんなり納得できない。

甲子園大会後に行われたU-18ワールドカップの代表メンバーには奥川恭伸《やすのぶ》（ヤクルト）、佐々木朗希（ロッテ）、西純矢（阪神）たちとともに選出され、南アフリカ戦が1イニング、アメリカ戦が先発して2イニング、スーパーラウンドでは韓国戦が3分の0回投げて3失点など、厳しい洗礼を浴びている。

現在は二段モーションでテークバックに向かい、さらに上体をクロスして強い反動を生み、腕を振る。強いストレートを投げるんだという決意がよく表れている。

22年の都市対抗では1回戦のENEOS戦に6回から登板、2イニングを投げて被安打3、失点1という成績だった。7回表、2死一、三塁の場面で来年のドラフト上位候補、度会隆輝《わらたいりゅうき》にセンター前に打たれた一打はプロ入り前のいい経験になったと思う。

千葉ロッテマリーンズ

佐々木朗希

新監督に託された「元・超高校級」素材の本格化

年	シーズン順位	交流戦順位	観客動員数
2018	5位	3位	166万5133人(11位)
2019	4位	9位	166万5891人(12位)
2020	2位	—	38万9995人(6位)
2021	2位	8位	63万3453人(6位)
2022	5位	3位	146万8622人(8位)

＊(　)は12球団中の順位

選手の年齢構成（ロッテ）

年齢	投手	捕手	一塁手	二塁手	三塁手	遊撃手	外野手
18·19	田中晴也					金田優太	
20	秋山正雲	松川虎生					
21	中森俊介						西川僚祐 山本大斗
22	佐々木朗希 横山陸人						
23	土居豪人 菊地吏玖		山口航輝			友杉篤輝	藤原恭大
24	森遼大朗			池田来翔	安田尚憲		和田康士朗
25	種市篤暉 鈴木昭汰 高野脩汰 小沼健太 佐藤奨真	佐藤都志也			茶谷健太	小川龍成	
26	河村説人 廣畑敦也 八木彬 本前郁也	植田将太		福田光輝	大下誠一郎	平沢大河	髙部瑛斗
27	岩下大輝 東妻勇輔 小島和哉 中村稔弥 小野郁						
28	山本大貴 二木康太 カスティーヨ						
29	佐々木千隼 メルセデス 坂本光士郎	田村龍弘					
30	ペルドモ	柿沼友哉				藤岡裕大	菅野剛士
31		江村直也		中村奨吾			
32	東條大樹 西野勇士 国吉佑樹				三木亮		岡大海 ポランコ
33							
34	唐川侑己 益田直也		井上晴哉				福田秀平
35～	石川歩 美馬学 澤村拓一						角中勝也 荻野貴司

[註]ポジションは22年の一、二軍の守備成績を参考

吉井理人新監督に託された元超高校級の素質開花

昨年のチーム成績は69勝73敗、勝率・486で5位。3位西武までのゲーム差は4だったので、惨敗と言うほどの成績ではない。打撃面を見ると、チーム打率・231（リーグ5位）、本塁打97（同5位）はいずれも下位だ。敗因はマーティン、レアード（両選手とも退団）の不調とよく言われるが、本塁打のリーグ最下位は優勝したオリックスの89本で、外国人打者の不振は昨年セ・パほとんどの球団に見られた現象なので、彼らだけに責任を転嫁できない。

投手成績を見ると、チーム防御率3・39はリーグ4位とよくない。得点501（3位）、失点536（リーグ6位）、得失点差－《マイナス》35を見る限り、投手陣の不振がチーム成績に直結している。ただ23年度まで見据えて個々の成績を見ると、佐々木朗希、石川歩、美馬学の先発陣、小野郁、西野勇士のリリーフ陣、故障上がりの岩下大輝《だいき》、種市篤暉《あつき》に上昇の気配があるので十分上位で戦える。

この陣容を指揮する吉井理人《まさと》新監督は、今はなき近鉄バファローズ出身である。95年にドジャースに電撃移籍し、一流選手のメジャー挑戦の流れを作った野茂英雄氏、その野茂氏をアシストした立花龍司コンディショニングコーチ、持久走を練習メニューから除外する立花氏のメジャー流コーチングを支持した仰木彬監督、『教えない教え』という著書を著し、内角勝負を投手の生命線と断言した権藤博投手コーチ……等々、当時の近鉄は今の野球界の流れを生み出した源流と言ってもいい。そこからプロ野球人生を出発させた吉井監督の著書のタイトルが『最高のコーチは、教えない。』。権藤博氏の『教えない教え』とそっくりではないか。これだけで、吉井監督がやろうとしていることが見えてくる。

外国人云々より若い超有望株が素質を伸ばし切っていない現状がロッテの最も深刻な問題である。井口資仁前監督が辞任を表明したとき私は福浦和也打撃コーチが就任すると思っていた。その他にも堀幸一氏（二軍チーフ打撃コーチ）、黒木知宏氏（新投手コーチ）など監督候補のOBは何人もいたが、フロント陣が吉井氏にチームを託したのは素質を持て余している有望株を何とか中心選手に引っ張り上げてもらいたいという気持ちからだろう。

佐々木朗希を1位指名した19年ドラフト以降1位指名は、20年が鈴木昭汰、22年が菊地吏玖《りく》という大学生投手を指名している。将来性を見込んだ19年までのドラフトにブレーキがかかり、チームを大型化していくんだという思いがストップした印象がある。

投手の佐々木朗希、種市、岩下、中森俊介、野手の松川虎生《こう》、安田尚憲、藤原恭大、山口航輝たちが一軍の中心戦力に育ってくれたら、たとえば来年のドラフトで佐々木麟太郎

（花巻東高・一塁手）、真鍋慧《けいた》（広陵高・一塁手）を1位で獲りにいけるかもしれない。しかし、藤原、安田、山口が今のままなら、超高校級の看板だけぶら下げた高校生など指名できない。藤原たちは伸び悩みを自分だけの問題だと考えているかもしれないが、それは大きな間違いである。

私は昨年のロッテを優勝候補だと思っていた。結果は5位なので大外れである。しかし、5年くらいのスパンで見ればロッテはリーグを牽引する、数年前のソフトバンクのようなチームになれる可能性を秘めている。

「教えない教え」のコーチングによる育成は本人たちの心意気次第である。何も教えられないから何もしない、では奈落に落ちるだけだ。自分で考えて自分で変えていく、という思いで「教えない教え」の意味を考えられれば成長していける。自分で考えて、動いて、それでもわからないときに監督、コーチに助言を求める。それくらい、選手が心の準備をしていなければ数十人の選手に数少ないコーチが適切に助言できるわけがない。

3年前の講演会で吉井氏は「コーチは常に学んでいないと結果的に選手をダメにしてしまうことになるので、学ばないコーチは指導してはいけない」（日創研東京経営研究会の1月例会）と言っている。最近見たスポーツ紙に、打撃コーチがバットの軌道を手取り足取りの指導で導いている写真があったが、吉井ロッテではそういう風景は見られないだろう。

スタメン分析

ライバルを客観視できるようになった安田尚憲の本格化に期待

楽天を「不健全なチーム作り」と書いたが、これから紹介するロッテと日本ハムは「健全なチーム作り」と評していい。昨年の成績や近年の成績を見て「楽天のほうが上じゃないか」と反論する人も多いと思うが、スタメン候補の中にドラフト1位が辰己涼介だけの楽天（2位はゼロ）と1位が5人（松川、中村、安田、藤原、荻野）のロッテ、1位1人（清宮幸太郎）、2位2人（野村佑希、五十幡亮汰）の日本ハムとではチーム作りの原点から違いが明らか。選手寿命の長い（若手でいられる期間の長い）生え抜きの高校卒がスタメン候補の中に1人もいない楽天と4人のロッテ（松川、山口、安田、藤原）と日本ハム（清宮、野村、松本剛、万波中正）も大違い。ロッテはチーム作りを中長期的に見ていると評価していい。

選手が足りなければ他球団から獲ればいいというメジャー流の考えは今の日本球界ではなじまない。大谷翔平やダルビッシュ有のような超一流選手は国内球団には目を向けずに、メジャーをめざすというのが現在の流れ。そう考えていくと、ロッテは相当うまくチーム作りを進めている。

それでも有望株が期待値の割に成長していないのも確か。私は今脳梗塞で麻痺した左半身（とくに左の手足）を動かせるように専門病院でリハビリしているのだが、発症して1カ月間を「急性期」、6カ月間を「回復期」と呼称し、回復期はリハビリをしっかりやればかなりの部分、回復が見込める。わかりやすく言えば発症して6カ月間は回復曲線の角度が急、半年を過ぎると回復曲線の角度が緩くなる。だから私はこの6カ月間で完治しないまでも少しでも社会生活に戻れるようにリハビリに励んでいるのである。

ロッテに話を戻せば、回復期のぎりぎりの縁に立っているのが山口、安田、藤原の3人だ。安田は昨年9月18日の日本ハム戦で試合を決める3ランを放ち、「清宮も最近爆発してるんで、自分も負けないようにというのはありました」とコメントしている。同年齢で三冠王に向けて突っ走る村上宗隆（ヤクルト）に対しても「ニュースとか映像を見ますよ。シンプルにすごいと思う」とコメントしている記事があったが、入団時から比較されている2人に対するコメントが増えた。

そういうことを聞ける空気が安田の周囲に出来上がり、本人も張り合うだけでなく客観的に成績の差、個性の違いに目を向けられるようになったのだろう。

スタメン候補

	［スタメン］	［控え］
捕	松川　虎生	田村　龍弘
		＊佐藤都志也
一	山口　航輝	井上　晴哉
二	中村　奨吾	池田　来翔
三	＊安田　尚憲	茶谷　健太
遊	＊藤岡　裕大	＊小川　龍成
左	＊髙部　瑛斗	＊角中　勝也
中	荻野　貴司	岡　　大海
右	＊藤原　恭大	＊和田康士朗
D	＊ポランコ	

＊は左打ち

それは自分の野球人生がどこに向かっているのか、という視座が出来上がりつつあることを示している。

安田が3割、20本、80打点の中距離タイプの道を行くのなら、山口は30本塁打の道をめざす。山口は一軍に初登場した21年に78試合出場で9本塁打を放ち、翌22年には102試合で16本塁打を放った。こういう急成長は一流選手によく見られる。昨年のロッテは外国人がオーダーに入らないと得点力が上がらないメンツばかりだったが、今季は安田、山口の本格化で外国人を下位の7番あたりに置いても不自然さがない。

レフトへも打てるが内角胸元の150キロを押し込んでライトスタンドに放り込めるのが山口のいいところで、昨年、ソフトバンクの泉圭輔から放った16号本塁打はその典型だった。よくバットがボールの下に入る角度がどうとか言われるが、振りの強さだけで叩き込めるところが才能で、今年はタイトル争いに加わってもおかしくない。

もう1人、名前を外せないのが藤原である。新人年の2安打から25→47と成長曲線を描くが、22年は急ブレーキがかかり24安打に急落。これはかなりやばい。周りを見れば山本大斗《だいと》、和田康士朗など若手の追い上げが予想される。もうあとがないと思わないと、置いていかれるかもしれない。

ピッチングスタッフ分析

佐々木朗希と種市篤暉を軸に組む強力なローテーション

本当の主軸がいない打線に対して投手陣には佐々木朗希がど真ん中にいる。昨年の佐々木は圧巻で、2試合連続完全試合が目前だった4月17日の日本ハム戦、102球投げた8回限りで降板させた井口采配はみごとだった。

佐々木以外の顔ぶれも魅力がある。私が考える準エースに最も近いのは種市篤暉。20年9月にトミー・ジョン手術を受け、昨年8月11日のソフトバンク戦に先発するまでの約2年、一軍の舞台から姿を消した。その間に佐々木が登場しているのだから、本人は「準エース」などと考えていない。ストレートの強さが持ち味で8勝2敗、防御率3・24を残した19年は先発として116回3分の2を投げ、奪三振は135に達した。9回（1試合）に換算した奪三振率は10・41という高さである。佐々木朗が昨年記録した12・04には及ばないが、エース候補と言ってもいい内容だ。

外国人は昨年までの5年間、巨人で29勝28敗、防御率3・14を残した左腕、メルセデスと新外国人のカスティーヨとペルドモの3人が入団した。計算できるのはメルセデスだ。昨年はすべて先発で20試合に登板し、5勝7敗、防御率3・18という成績を残した。今季

ピッチングスタッフ			
[先発]	[中継ぎ]	[抑え]	[その他]
佐々木朗希	益田　直也	澤村　拓一	ペルドモ
種市　篤暉	カスティーヨ		二木　康太
石川　　歩	唐川　侑己		美馬　　学
岩下　大輝	西野　勇士		廣畑　敦也
＊メルセデス	小野　　郁		佐々木千隼
＊小島　和哉	東條　大樹		＊鈴木　昭汰

＊は左投げ

29歳になる左腕をよく放出したなと思うが、やはり巨人で打率・240、本塁打24のポランコ（外野手・32歳）も獲得した。

近年、外国人は活躍するのが当たり前でなく、ロッテでも昨年在籍した選手は投手も野手も1人も残っていない。そういう計算しづらい外国人市場に頼らずに、2人の即戦力を手に入れられたのは今のチーム事情を考えればラッキーだった。

これまでに書いてきたことを振り返れば今ロッテに必要なのは30本近くホームランを打てるスラッガーと、ローテーションを任せられる左腕だとわかる。2人とも年齢的に余力は十分あるし、資力のある他球団が金にものを言わせて獲得に向かうタイプでもない。つまり、中期的なプランが立てやすい外国人である。

投手陣に話を戻せば、先発は力で押せる佐々木朗、種市、岩下大輝を柱に押し立て、彼らをベテランの石川歩、美馬学、中堅の二木康太、小島和哉、メルセデスらで支えることができればオリックスに匹敵する強力な陣容を組むことができる。

リリーフ陣は昨年シーズン途中に入団したオスナが29試合に登板して29・2回投げ、被安打15、与四球3、与死球1（与四死球率1・21）、奪三振32（奪三振率9・71）というみごとな投球内容で4勝1敗9ホールド10セーブを挙げたが、ソフトバンクとの争奪戦に敗れた。

ボールの強さなら昨年リリーフで14試合に登板し、16回3分の1を投げ、1勝0敗3ホールド、防御率0・55を残し、被安打がわずか6だった岩下が最適だが、先発へのこだわりが強いので除外。そうなると長く抑えを務めてきた益田直也しかいなくなるが、17年以降の6年間、防御率が1点台を記録したことは一度もない。

リリーフ陣が崩壊の危機に瀕していた23年1月28日、昨年までレッドソックスで投げていた澤村拓一《ひろかず》のロッテ復帰が決まった。21年は55試合に登板して5勝1敗10ホールド、防御率3・06、22年は49試合に登板して1勝1敗3ホールド、防御率3・73は現役メジャーリーガーと言っていい成績だ。13年のWBC日本代表、15年のWBSCプレミア12では日本代表に選出され、失点は各1。優勝をめざすロッテに強力な援軍が加わった。澤村につなぐ中継ぎには益田をはじめ、小野郁、西野勇士、新外国人のペルドモ、カスティーヨなど候補は目白押し。吉井新監督の手腕が期待される。

ドラフト分析

1位菊地吏玖は黒田博樹を彷彿とさせる本格派右腕

1位菊地吏玖（専修大・投手）は東都2部リーグで投げてきた投手で、2部リーグでの通算成績は13勝6敗、防御率0・90だ。4年春には52回3分の2を投げて3勝2敗、与四死球13、奪三振49、防御率1・20で最優秀防御率、ベストナインに輝いている。

1試合、9イニングに換算した通算与四死球率2・22、奪三振率8・37は魅力。アマチュアやファームの成績で重要なのは与四死球率。これが2点台は十分評価できる。

どれだけよくても所詮2部リーグの成績ではないか、と言う人もいそうだが、今年のドラフトでは奈良間大己《たいき》（立正大→日本ハム5位）、宮崎颯《はやと》（東京農業大→ソフトバンク育成8位）、福永裕基（専修大→日本新薬→中日7位）も大学は東都2部リーグ出身である。直近では春のリーグ戦、東洋大戦を見て、改めて菊地の実戦力の高さを知った。

相手は来年のドラフト1位候補、細野晴希（東洋大当時3年）。ストレートの最速は近くにいたスカウト氏のスピードガンによると細野150キロ、菊地147キロで、私もドラフトという指標で見れば細野のほうが魅力的に映ったが、試合は延長10回（この回からタイブレーク）を2対1で専修大が凌いだ。細野が9回限り（121球）で降板したのに対し、菊地は10回を完投（141球）、与四死球2、奪三振15という内容だった。141球投げたのは感心しないが、スライダー、チェンジアップをストレートと同じ腕の振りで投げられる。持ち球は他にカーブ、フォークボール、ツーシームがあり、これらの持ち球で内角を効果的に突く投球術は大学の先輩でメジャーリーグでも活躍した黒田博樹（元広島など）を彷彿とさせる。

2位友杉篤輝《あつき》（天理大・遊撃手）は171センチ70キロの体格でわかるように、スピードと好打・好守が評価されて2位指名を得た。阪神大学野球リーグでは圧倒的な数字を残している。2年秋以降の打撃成績は次の通り。

2年秋・406　首位打者、ベストナイン
3年春・355　首位打者、ベストナイン
　　秋・442　ベストナイン
4年春・447　MVP
　　秋・194

4年時にはハーレムベースボールウィークの日本代表に選出され、遊撃手でスタメン起用されたのはキューバ戦が2番で2打数0安打1四球、オランダ戦が8番で3打数1安打1打点、アメリカ戦が9番で1打数0安打1四球という内容で他の試合は代走、守備要員

で起用されていた。

現在のロッテは遊撃のポジションが大きな穴で、昨年ショートに就いたのはエチェバリアの64試合を筆頭に、小川龍成53、茶谷健太52、藤岡裕大《ゆうだい》26、三木亮《りょう》6と決め手がなかった。友杉から見ればロッテは12球団の中で最も起用されやすい環境にあると言っていい。エチェバリアも小川も好守は評価されたが、打率はエチェバリア・222、小川・109で、まったく戦力にならなかった。友杉は俊足と好守がセールスポイントだが、ロッテが遊撃手のレギュラーに求めるのはまずバッティング。そこを間違えないでほしい。


3位田中晴也《はるや》（日本文理高・投手）はドラフト前には1、2位の指名も予想された本格派右腕だ。ストレートの最速は150キロに到達し、変化球はカーブ、スライダー、チェンジアップ、フォークボールを備えるが、最大の武器はストレート。

22年夏の甲子園大会1回戦、海星戦では6回投げ7失点で降板した。観戦ノートには「下半身から上半身への体重移動が不十分。テークバックでしっかり体を割りたい」と書いた。また「内角に投げる意識が希薄で、打たれてから内角が多くなる」とある。要するに未完の大器。しかし、186センチの長身から投げ下ろすストレートには力がある。

海星戦で気になったのは打たれ方。1回表は2死走者なしからクリーンアップに3連打され2失点、6回表は2死三塁から5～8番打者に4連打され4失点されている。一度崩れると、止めようがないのだ。変化球にキレがないので勝負球はどうしてもストレートが多くなりそれを狙い打たれている。

大器であることは間違いないが課題も多くある未完成品で、投球フォームの改善に取り組んでほしいと言っても吉井新監督は教えない指導者である。先輩たちの投げる姿を見て、自分にフィットする投球フォームを見つけることが第一関門になるだろう。

4位高野脩汰《しゅうた》（日本通運・投手）はオーソドックスな本格派左腕だ。ストレートの速さは140キロ台中盤から後半だが、力で押していく強さはなく、スライダー、フォークボールを交えた緩急で打者の打ち気を逸らしていく。ロッテには小島和哉、鈴木昭汰、本前郁也、佐藤奨真《しょうま》など左腕がいるが、どの選手も緩急でかわしていくタイプなので、差別化できない。

投球フォームは腕の振りが真上で、150キロ以上出そうな力感はあるが、スピードガンが示す数字は平凡。その落差が武器になっても、対戦を重ねていけばいずればれる。やはり、ストレートのスピードを上げることが大事。変化球で勝負する技巧派は、ストレートの速さが重要である。

5位金田優太（浦和学院高・遊撃手）は面白い。2位友杉が遊撃手のレギュラー候補ナンバーワンであることは確かだが、数年後に逆転していても驚かない。バッティングは小さい始動でじっくりボールを呼び込む体勢ができているのがいい。22年春のセンバツ大会1回戦、大分舞鶴高戦では第2打席で高めストレートを強引に打っていきセンター前ヒット。第3打席は3球目のチェンジアップを左中間に二塁打、第4打席はストレートを続けられたあとのチェンジアップをライト前に運ぶヒット。

第1打席はセンターフライで誘い出された一塁走者が帰塁できず併殺打になったが早い勝負スタイルが好印象で、第2、3打席はともに3球目を打って先頭打者ヒットと左中間への二塁打、第4打席は前に書いたようにストレートを続けられたあとのストレートを打ってライト前、という見応えのある内容だった。

2回戦の和歌山東高戦も、第3打席で1ボールから先頭打者ホームラン、第4打席が1ストライクからの2球目をレフト前と積極的。9回表には三番手としてリリーフに立ち、超スローボールを投げる強心臓ぶりも披露した。

準々決勝の九州国際大付属高戦は一転して技巧派左腕、香西一希《こうざいかずき》の球を待球作戦で攻略した。準決勝の近江高戦も敗れはしたが山田陽翔《はると》（西武5位）相手に第1打席で2球目のストレートをライトに二塁打、無死二、三塁で迎えた第2打席は6球目のスライダーをライト線に二塁打、第3打席は5球目のフォークボールをセンター前に弾き返す猛打賞。この大会の打撃成績は17打数11安打、打率・647という迫力でプロを引き寄せた。

北海道日本ハムファイターズ

野村佑希

個性豊かな若手野手陣による「魅惑の打線」が完成!?

年	シーズン順位	交流戦順位	観客動員数
2018	3位	5位	196万8916人(7位)
2019	5位	7位	197万516人(7位)
2020	5位	—	27万6471人(11位)
2021	5位	10位	54万4818人(10位)
2022	6位	8位	129万1495人(11位)

*( )は12球団中の順位

選手の年齢構成（日本ハム）

年齢	投手	捕手	一塁手	二塁手	三塁手	遊撃手	外野手
19	達孝太 安西叶翔						
20	根本悠楓 畔柳亨丞 松浦慶斗		阪口樂		有薗直輝		
21				細川凌平			
22	吉田輝星						
23	北浦竜次 松岡洸希 矢澤宏太 金村尚真	田宮裕涼			野村佑希	水野達稀 奈良間大己	万波中正
24	長谷川威展 北山亘基 田中瑛斗		清宮幸太郎				
25	堀瑞輝 河野竜生 立野和明	郡拓也 梅林優貴 古川裕大					五十幡亮汰
26	鈴木健矢 伊藤大海					上川畑大悟	今川優馬
27	石川直也 福田俊 齋藤綱記 宮内春輝	清水優心 マルティネス		山田遥楓			淺間大基
28	生田目翼 メネズ						
29	上沢直之 上原健太 井口和朋 池田隆英 ポンセ 田中正義 齋藤友貴哉			加藤豪将		石井一成	
30	西村天裕	宇佐見真吾					松本剛 江越大賀
31	加藤貴之 玉井大翔 杉浦稔大 ガント						
32	ロドリゲス				谷内亮太	中島卓也 アルカンタラ	
33		伏見寅威					
34							
35〜	宮西尚生						木村文紀

［註］ポジションは22年の一、二軍の守備成績を参考

新球場、エスコンフィールドが清宮幸太郎のホームランを後押しする

昨年は13年以来9年ぶりの最下位に転落し、Bクラス低迷は19年から4年連続である。これまでダルビッシュ有（パドレス）、大谷翔平（エンゼルス）がメジャーリーグに移籍しても何とかAクラスに踏ん張っていたが、何の見返りもなく保有権を放棄するノーテンダーFAで中田翔、西川遥輝、大田泰示を手放した21年あたりから、本当に危機的な空気が漂い出した。

その危機的状況を監督として救済する役割を託されたのが「BIG BOSS」こと新庄剛志監督。就任直後から「今年は全員の力と性格を把握する年」と明言、優勝を眼中に置かず、1年目は選手の力量を測る〝トライアウト〟の年と宣言した。その言葉通り、ヒジを故障したガント投手以外の支配下登録された全選手を起用。たとえば、投手は一軍で34人起用しているが、他球団は西武24人、ソフトバンク28人、オリックス・楽天各30人、ロッテ31人である。

このトライアウト作戦はよかったと思う。シーズン終了後には現役ドラフトでソフトバンクに移籍した古川侑利《ゆうり》をはじめ、石川亮、佐藤龍世《りゅうせい》、渡邉諒《りょう》、高濱祐仁《ゆうと》がトレードで

他球団に移籍、杉谷拳士、上野響平、金子千尋などがチームを離れた。栗山英樹監督の後期以降はドラフト戦略に迷いが見られ、タイプの似た選手が多かったので、かなりスリムになった印象がある。

また中田、西川、大田がいなくなったことにより清宮幸太郎、万波中正、松本剛の起用に迷いがなくなり、松本が初の首位打者に輝き、清宮は18本塁打、55打点、万波は14本塁打、40打点を記録。清宮の55打点はたいしたことはなさそうにも見えるが、リーグ8位である。近藤健介がFA権を行使してソフトバンクに移籍したことで五十幡亮汰の抜擢も視野に入ってきた。中心選手がいなくなっても新戦力が出現する、という新陳代謝こそ日本ハムの持ち味である。新庄監督も限られた戦力で大輪の花を咲かす勝負師の才を持ち合わせていると思うので、今の日本ハムは前評判こそ低いが何かをやらかしそうな空気がある。

昨年のチーム成績は防御率3・46がリーグ5位、中身を吟味すると25セーブが12球団中最下位だった。下から2番目が阪神と広島の32セーブだから圧倒的なビリである。この辺の手当てをどうするのか。またエース格の上沢直之が23年オフにポスティングシステムを活用したメジャーリーグへの移籍を訴えている。ダルビッシュ有や大谷翔平の例を見るまでもなく、メジャー移籍には寛容な球団なので、24年シーズンにはいなくなっていると思う。主力の穴埋めをドラフトでどう補っていくのかも、大きな課題である。

外国人の不振も迷走に拍車をかけた。ただ他球団でも大きな戦力になったのは投手のワゲスパック（オリックス）、オスナ（ロッテ、今年からソフトバンク）、モイネロ（ソフトバンク）くらいで、野手に至っては全滅とさえ言える。信じられないが昨年のパ・リーグでは100安打を打った外国人選手が一人もいないのだ。こんなことは私の記憶にない。セ・リーグではオスナ（ヤクルト）、ウォーカー（巨人）、ポランコ（巨人退団）、マクブルーム（広島）、ビシエド（中日）が100安打を超えているが、打撃タイトルに絡んでいない。翻って考えれば、この問題をクリアできた球団がペナントレースを有利に戦えるということになる。

今年から開場するエスコンフィールドも大きな話題だ。プロ野球界で初めての開閉屋根の天然芝球場で、両翼100メートルは札幌ドームと変わらないが、フェンスが低くなった。札幌ドームは12球団の本拠地球場の中で最も高い5・75メートルあったが、日本テレビのニュース動画サイト日テレNEWSは同フィールドを視察した杉谷拳士の外野フェンスを見たあとの第一声を次のような言葉で紹介している。

「ライトフェンス一部の高さが自身の目線の高さぐらいしかないことを聞かされると『低っ！（簡単にホームラン）入っちゃうぜ！』と驚いていました」

杉谷は引退したが、フェンス高の変化は、清宮、万波、野村佑希たちスラッガーのホームラン増に寄与してくれるかもしれない。

スタメン分析

オーダーを考えるのが一番楽しい打線

昨年9月4日以降、この原稿を書いている今現在まで入院生活が4カ月半続いている。9時消灯、6時点灯なのでベッドの中でYouTubeくらいは見るが、9時間近くは横になってうとうとしている。その間に歌詞を作ったり、好きな歌の替え歌を作ったりして遊んでいるが、最も多く費やしているのは12球団のスタメンやピッチングスタッフを想像すること。やっていて面白くない球団もあるが、たいがいは面白くて、その中でも一番楽しいのが日本ハム野手で組むスタメン作りである。

私は高校野球、ときには中学生や小学生のプレーを見ながら、大学生、社会人、ときには独立リーグのプレーを見ながら、彼らの行く末を想像したり、この球団に入ったら凄いチームになるぞ……等々、普通の野球ファンとは異なる視点で野球を見ている。そういう風変わりな野球観察者にとって高校時代、特異な才能を垣間見せた清宮幸太郎、野村佑希、万波中正、五十幡亮汰、矢澤宏太らで組むスタメンを想像することは楽しくて仕方がない。

最初に名前を挙げた清宮は、改めて紹介するまでもなく、早稲田実業高時代、高校通算歴代最多となる111本のホームランを放ったスーパースター。それがプロ入り5年間で、通算打率・206、安打215、本塁打39、打点128という成績。高校卒なら悪くない成績だが、高校時代にスーパースターだったからネガティブな記事になりがち。しかし、昨年18本塁打、55打点を挙げ、評価が変わってきた。ひょっとしたら、同年齢の村上宗隆（ヤクルト）と張り合えるくらいやれるのでは、といった記事が散見されるのだ。

私もその派で、3番清宮、4番野村、5番万波でクリーンアップを組み、1番に中学時代、三塁打を放ったときの三塁到達タイムが11秒を切った五十幡を置く。この選手は直線走なら64年の東京オリンピック100メートル走で準決勝に進出し、のちにドラフト9位でロッテ入りした飯島秀雄に次ぐ、走力のある選手と言っていい。

スタメン候補

	[スタメン]	[控え]
捕	マルティネス	＊宇佐見真吾
		伏見　寅威
一	＊清宮幸太郎	山田　遥楓
二	＊加藤　豪将	＊石井　一成
三	野村　佑希	谷内　亮太
遊	＊上川畑大悟	＊中島　卓也
左	松本　　剛	＊淺間　大基
中	＊五十幡亮汰	今川　優馬
右	万波　中正	＊矢澤　宏太
D	＋アルカンタラ	

＊は左打ち、＋は両打ち

2番に昨年、打率・347（安打137）で首位打者に輝いた松本剛を置く。帝京高時代4番・遊撃手で夏の甲子園大会に出場し、プロ入り後の18年には二塁を5試合守っている〝元内野手〟なので、日本ハムのウイークポイント、二塁手として起用できる可能性はあるが、元内野手に務まるほどプロのセンターラインは甘くないので、二塁手はMLBの13

年ドラフトでヤンキースから2巡目（全体で66番目）で指名され、マイナーリーガーとしてマーリンズ、パドレス、ブルージェイズ、メッツを渡り歩き、ブルージェイズ在籍時の昨年、メジャー初安打の二塁打を放った加藤豪将（今ドラフト3位）を据えるというのが現実的なロマン。

4番野村は花咲徳栄高2年のときから追いかけていた選手なので2年連続で100安打間近でストップしたのは悔しい反面、もう一人前だなという安心感もある。1月中旬には「本塁打が打てなくても、打率を残し」という所信表明を発しているが、普通の打者では打てない内角胸元のストレートを何本もレフトスタンドに放り込む姿を見ているので、清宮と張り合ってほしい、とこれは本気で思う。

捕手は新婚の宇佐見真吾か前中日のアリエル・マルティネスか迷ったが、中日時代の勝負強いバッティングが印象に残るマルティネスをスタメン捕手に指名した。宇佐見と半々の役割になると思うが、中日はよく打撃のいい阿部寿樹とマルティネスを出したなと思う。

ドラフト1位の〝二刀流〟矢澤宏太は野手のほうが常時一軍に近い位置にいるが、外野には松本、五十幡、万波がいる。松本を二塁に回して外野の1ポジションを空けるという発想はここから発した。

ピッチングスタッフ分析

リリーフ陣の命運を託された移籍組の2人

先発の3本柱がしっかり立っているのが最大の特徴である。伊藤大海、加藤貴之、上沢直之の3人だ。伊藤は今春行われるWBCの代表メンバーに選出されている実力派。新人年の21年以来、2年続けて10勝9敗の成績を残し、防御率も2・90、2・95と安定している。新人年はデビュー戦の3月31日の西武戦が6回1失点で引き分け、4月14日の西武戦は6回2失点で0勝2敗。味方打線の援護がない滑り出しでも2ケタ勝利を残していると ころに安定感だけではないすごみを感じる。

加藤は中盤以降に崩れるスタミナ不足のイメージを昨年、払拭できた。初登板の西武戦は6回途中で降板して5失点を喫するが、自身2戦目の4月6日のロッテ戦、7回途中まで2失点の好投で新庄剛志新監督（当時）に2勝目をプレゼントし、3戦目の西武戦は7回途中まで無失点に抑え、それ以降もガス欠の悪癖がなくなり、先発投手の合格基準「クオリティスタート」（6回3失点まで）はシーズン18試合を数え、またシーズン与四球11はプロ野球記録だった。

上沢は、伊藤、加藤ほどの安定感はないが、過去2年間で20勝を挙げ、通算勝利は61勝

ピッチングスタッフ			
[先発]	[中継ぎ]	[抑え]	[その他]
伊藤　大海	ロドリゲス	田中　正義	井口　和朋
＊加藤　貴之	吉田　輝星		玉井　大翔
上沢　直之	＊堀　瑞輝		齋藤友貴哉
杉浦　稔大	石川　直也		＊矢澤　宏太
＊根本　悠楓	＊河野　竜生		＊上原　健太
金村　尚真	北山　亘基		＊宮西　尚生

＊は左投げ

53敗、防御率3・24まで積み上がり、昨年オフにはポスティングシステムを活用したメジャー挑戦を訴えるまでになった。伊藤、加藤、上沢に共通するのは緩急を交えたピッチングのうまさ。とくに緩いカーブに持ち味があり、球種配分ではいずれも10パーセント前後を記録する多さ。また、ドラフト1位の新人、矢澤宏太のピッチング内容はこのあとのドラフト分析でたっぷり紹介するが、やはり縦割れのカーブのキレが素晴らしいので、チームとの相性はいいはず。

先発陣は3本柱にドラフト1、2位の矢澤、金村尚真《しょうま》、さらに杉浦稔大《としひろ》、根本悠楓《はるか》まで含めて辛うじて60勝くらい計算できるが（昨年の日本ハムは59勝81敗）、あと15勝（昨年1、2位のオリックスとソフトバンクが76勝65敗）上積みするにはリリーフの踏ん張りがなければ無理。主なリリーフ投手の昨年の成績を振り返ってみよう。

――井口和朋　23試合　2勝0敗1セーブ6ホールド　防御率5・18

石川直也　36試合　2勝2敗6セーブ8ホールド　防御率3・94
河野竜生　21試合　0勝2敗1セーブ1ホールド　防御率4・41　※先発2試合
北山亘基《こうき》　55試合　3勝5敗9セーブ16ホールド　防御率3・51
玉井大翔《たいしょう》　50試合　1勝1敗19ホールド　防御率3・35
堀瑞輝　41試合　1勝5敗5セーブ11ホールド　防御率5・82
宮西尚生《なおき》　24試合　0勝3敗1セーブ7ホールド　防御率5・66
吉田輝星　51試合　2勝3敗5ホールド　防御率4・26

この中に防御率１、２点台がゼロ人なので、リリーフ陣だけの防御率が３・83だったのは仕方ない。この総崩れ状態だったリリーフ陣をどう立て直すか、今季の日本ハムの立て直しはこの一点にかかっていると言ってもいい。キーマンになりそうなのは阪神から移籍してきた齋藤友貴哉とＦＡ権を行使してソフトバンクに移籍した近藤健介の人的補償で獲得した田中正義の２人だ。齋藤はトレードが決まったあとに参加したみやざきフェニックスリーグでストレートが最速１６１キロを計測。田中は16年のドラフトで５球団が１位で競合した大学球界のスーパースターだった本格派。ストレートの最速は１５６キロを計測し、大学３年時にはＮＰＢ選抜チームから７者連続三振を奪った経験もある。２人のうち１人でもモノになればチームは大きく上昇気流に乗る可能性がある。

ドラフト分析

1位の二刀流、矢澤宏太と2位金村尚真に即戦力の期待

1位矢澤宏太（日本体育大・投手）はスター候補だ。大谷翔平の人気にあやかった〝二刀流〟が話題になる昨今だが、矢澤の二刀流は本物。投手としては東海大など強豪校が揃う首都大学リーグで3年秋、4年秋には投手でベストナインに選出され、3年秋には自身初のMVPにも輝いた。優勝がかかった4年秋の桜美林大戦では先発して、延長10回を投げ抜き、被安打5、奪三振9、投球数135の力投で1失点に抑えている。

変化球はスライダー、カーブ、チェンジアップ、フォークボールがあり、ストレートの最速は152キロ。173センチ、71キロの体格は小柄の部類だが、堂々とした投球フォームが素晴らしく上背がないことが気にならない。投げ始めからボールがキャッチャーミットに収まるまでの投球タイムは2・5秒前後。これは相手打者のタイミングを見ながら投げられるタイムで、有力な武器だ。春の東海大戦を見た限りでは内角を突く攻撃的なピッチングが印象に残った。このときは腕を振って真縦に落ちるカーブが素晴らしく、体格も似ている工藤公康（元西武など）を彷彿とさせた。

走塁も含めたバッティングはピッチング以上にスカウトたちの注目を集めている。平塚

や松山で行われる大学代表候補合宿の合間に計測される50メートル走では参加選手の中で最速のタイムを叩き出し、ライトを守るときはノーバウンドの三塁送球に驚かされた。

大学4年秋は投手に重心を置いたのか打数が少なく打率も1割台をさまよったが4年春までは通算50安打を記録し、本塁打も5本放っている。見た感想は始動からステップまでの動きが淡白でまだ素質で打っている印象。スカウトが野手の能力に注目するのは50メートル走5・8秒と言われる脚力と外野手としての肩の強さが評価されたためだろう。ただ、プロは打たないとレギュラーになれない。課題はタイミングを合わせるステップだ。

2位金村尚真（富士大・投手）も即戦力の期待がかかる本格派だ。所属していた富士大は北東北大学野球リーグ10連覇などの記録を誇る絶対王者。OBには山川穂高、外崎修汰（ともに西武）、多和田真三郎（元西武）など、プロで活躍した選手が多い。同リーグの他大学OBにも秋山翔吾（八戸学院大→広島）、髙橋優貴（八戸学院大→巨人）などがいて、今ドラフトでは松山晋也（八戸学院大→中日育成1位）、名原典彦《なばらのりひこ》（青森大→広島育成1位）が指名されている。

この強豪リーグで通算25勝5敗、防御率0・88は圧倒的だ。20年秋にはMVPと優秀選手賞、21年春にはMVPを2季連続で獲得、ベストナインと最優秀防御率にも選出され、22年秋には優秀選手賞、最優秀防御率にも輝いている。「無敵」と形容してもいい。さらに凄いのは1試合（9イニング）に与えた四死球を表す与四死球率。ドラフト翌日、10月21日配信の日刊スポーツドットコムには「被打率1割7分8厘、与四死球率0・99、奪三振率9・90」と紹介されている。1試合の与四死球が1個未満で奪三振が10個弱ということである。

私が見た22年大学選手権1回戦、大阪商業大戦は1回戦はタイブレークになった延長11回に決勝点を奪われ1対2で敗れたが、10回投げ被安打7、奪三振8、与四死球0、自責点1という素晴らしい内容だった。ストレートの最速は5回途中から投げ合った上田大河《たいが》（大阪商業大）の152キロには及ばない147キロだったが、スライダー、カーブ、カットボール、フォークボールのコントロールがよく、とくに左打者の内角をえぐるカットボールのキレは抜群だった。欲を言えばカーブを投げるとき、もっと腕が振れれば緩急を生かしたピッチングができるだろう。

コントロールのよさをさらに紹介すると、3ボールになった打者は1人だけだった。3回表、2死走者なしで迎えた1番打者にいきなり3ボールを与えたが、2球続けて見逃しのストライクを投げ、続く133キロのカットボールで空振りの三振を取った。このコントロールのよさとゲームを作るセンスを見る限り適性は先発にあると見ていい。

3位加藤豪将（メッツ3A・二塁手）のポジションはとりあえず二塁と紹介するが、内野すべてを守れるユーティリティプレーヤーだ。先述の通り、13年のMLBドラフトでは2巡という高い順位で指名され、ブルージェイズ傘下にいた22年に初めてメジャーに昇格し、初ヒットを記録している。日本ハムが背番号「3」を与えているところに期待の高さが表れている。最も評価されているのは守備で、バッティングはコンパクトな動きに特徴がある。テークバックからトップに移行するときバットを引く動きがほとんどなく、レベルスイングで軽く合わせる感じ。ライバルになる石井一成、中島卓也たちが近年低打率に終わっているので、どれだけ率を残していけるかがポイントになる。

4位安西叶翔《かなと》（常葉菊川高・投手）は186センチのサイドスローである。似ているのが過去3年で30勝している巨人の若きエース、戸郷翔征。どこが似ているかというと、ヒジの使い方。サイドでも叩きつけるような腕の振りなのだ。

このフォームから繰り出すストレートの最速は151キロ。変化球はカーブ、スライダー、ツーシーム、チェンジアップ、フォークボールがある。戸郷ほどフォームが暴れない。

5位奈良間大己（立正大・遊撃手）も安西が所属する常葉菊川高のOBである。3年夏の静岡県大会で22打数18安打、打率・818という成績が大きな話題になり、甲子園大会でも打率は3割を超えた。

立正大では1年秋からショートのレギュラーを獲り、亜細亜大1回戦ではサヨナラ3ランを打ち、周囲を驚かせた。リストの強さに定評があり、全日本大学野球代表選考合宿にも参加している。3年秋から2部リーグでプレーし、2部での通算打率は3割を超えている。走攻守まとまっているが、これが売り、という強いセールスポイントがないのも確か。空きがある二塁のレギュラーポジションをつかむにはバッティングの向上が近道。

6位宮内春輝《みやうちはるき》（日本製紙石巻・投手）はサイドスローの本格派と言っていい。ストレートの最速は152キロを計測し、変化球はカーブ、スライダー、シンカー、チェンジアップを備える。4位の安西もサイドスローで、現有戦力のサイドは左腕なら一軍戦力の堀瑞輝、宮西尚生がいるが、右のサイドは昨年2勝の鈴木健矢しかいない。このあたりの事情が2人の指名の背景にはありそうだ。

19、20年の都市対抗で登板していて、起用法はいずれもリリーフ。ドラフト翌日のスポニチアネックスを見ると『「東北の林昌勇《イムチャンヨン》」がついに覚醒。プロでは、1年目から救援投手としてフル回転の活躍が期待される』という記事で紹介されていた。林昌勇はサイドスローにもかかわらずテークバックでヒジが高く上がり、そのポジションから下に叩きつけるような腕の振りに特徴があった。宮内のテークバックではそこまで高くヒジは上がっていないが、ストレートの速さがそういう形容をさせるのだろう。

セントラル・リーグ戦力徹底分析！

2022年データ

チーム	勝	敗	分	勝率	差	打率	得点	防御率
ヤクルト	80	59	4	.576	—	.250③	619①	3.52④
DeNA	73	68	2	.518	8.0	.251②	497④	3.48③
阪神	68	71	4	.489	12.0	.243⑤	489⑤	2.67①
巨人	68	72	3	.486	12.5	.242⑥	548③	3.69⑥
広島	66	74	3	.471	14.5	.257①	552②	3.54⑤
中日	66	75	2	.468	15.0	.247④	414⑥	3.28②

※○内数字は順位
※クライマックスシリーズでは、シーズン3位の阪神がファーストステージにおいて同2位のDeNAに2勝1敗。ファイナルステージではシーズン優勝のヤクルトが阪神を4勝0敗で下し日本シリーズ進出

個人タイトル

MVP		村上　宗隆(ヤ)	
新人王		大勢(巨)	
打撃部門	打率	村上　宗隆(ヤ)	.318
	打点	村上　宗隆(ヤ)	134
	本塁打	村上　宗隆(ヤ)	56
	安打	岡林　勇希(中)	161
	出塁率	村上　宗隆(ヤ)	.458
	盗塁	近本　光司(神)	30
投手部門	防御率	青柳　晃洋(神)	2.05
	勝利	青柳　晃洋(神)	13
	勝率	青柳　晃洋(神)	.765
	HP	湯浅　京己(神)	45
	セーブ	R.マルティネス(中)	39
	奪三振	戸郷　翔征(巨)	154

2023

セ・リーグ2022年ドラフト会議指名結果

球団	順位	選手	守備	所属
東京ヤクルトスワローズ	1位	吉村　貢司郎	投手	東芝
	2位	西村　瑠伊斗	外野手	京都外大西高
	3位	澤井　廉	外野手	中京大
	4位	坂本　拓己	投手	知内高
	5位	北村　恵吾	内野手	中央大
横浜DeNAベイスターズ	1位	松尾　汐恩	捕手	大阪桐蔭高
	2位	吉野　光樹	投手	トヨタ自動車
	3位	林　琢真	内野手	駒澤大
	4位	森下　瑠大	投手	京都国際高
	5位	橋本　達弥	投手	慶應義塾大
阪神タイガース	1位	森下　翔太	外野手	中央大
	2位	門別　啓人	投手	東海大付属札幌高
	3位	井坪　陽生	外野手	関東第一高
	4位	茨木　秀俊	投手	帝京長岡高
	5位	戸井　零士	内野手	天理高
	6位	富田　蓮	投手	三菱自動車岡崎
読売ジャイアンツ	1位	浅野　翔吾	外野手	高松商業高
	2位	萩尾　匡也	外野手	慶應義塾大
	3位	田中　千晴	投手	国学院大
	4位	門脇　誠	内野手	創価大
	5位	船迫　大雅	投手	西濃運輸
広島東洋カープ	1位	斉藤　優汰	投手	苫小牧中央高
	2位	内田　湘大	内野手	利根商業高
	3位	益田　武尚	投手	東京ガス
	4位	清水　叶人	捕手	高崎健康福祉大高崎高
	5位	河野　佳	投手	大阪ガス
	6位	長谷部　銀次	投手	トヨタ自動車
	7位	久保　修	外野手	大阪観光大
中日ドラゴンズ	1位	仲地　礼亜	投手	沖縄大
	2位	村松　開人	内野手	明治大
	3位	森山　暁生	投手	阿南光高
	4位	山浅　龍之介	捕手	聖光学院高
	5位	濱　将乃介	内野手	福井ネクサスエレファンツ
	6位	田中　幹也	内野手	亜細亜大
	7位	福永　裕基	内野手	日本新薬

東京ヤクルトスワローズ

村上宗隆

「ポスト村上宗隆」を見すえた戦略的なドラフト指名

年	シーズン順位	交流戦順位	観客動員数
2018	2位	1位	192万7822人(8位)
2019	6位	11位	195万5578人(8位)
2020	6位	—	36万593人(8位)
2021	1位	5位	67万5258人(5位)
2022	1位	1位	161万4645人(7位)

＊(　)は12球団中の順位

選手の年齢構成（ヤクルト）

年齢	投手	捕手	一塁手	二塁手	三塁手	遊撃手	外野手
19	坂本拓己						西村瑠伊斗
20	竹山日向					小森航大郎	
21	嘉手苅浩太	内山壮真					
22	奥川恭伸 市川悠太					長岡秀樹 武岡龍世	
23			北村恵吾		村上宗隆 赤羽由紘		濱田太貴 澤井廉
24	梅野雄吾 金久保優斗 山下輝						並木秀尊 丸山和郁
25	長谷川宙輝 木澤尚文 成田翔 吉村貢司郎 小澤怜史	古賀優大				元山飛優	
26	高橋奎二 吉田大喜 杉山晃基 大西広樹 柴田大地						太田賢吾
27	清水昇 久保拓眞						
28	今野龍太 田口麗斗 尾仲祐哉 山本大貴		松本友	宮本丈		奥村展征	
29	星知弥 坂本光士郎						
30	原樹理 ケラ	松本直樹					塩見泰隆 山崎晃大朗
31	大下佑馬 サイスニード ピーターズ	西田明央	オスナ	山田哲人 三ツ俣大樹			サンタナ
32	高梨裕稔 エスピナル					西浦直亨	
33	小川泰弘	中村悠平					
34							
35～	石山泰稚 石川雅規		荒木貴裕		川端慎吾		青木宣親

[註]ポジションは22年の一、二軍の守備成績を参考

前年ヒット0本の長岡秀樹をリーグ屈指の遊撃手に変えた育成上手

近年のプロ野球界では前年活躍した中継ぎ投手が翌年息切れすることが目立つ。ヤクルトでは清水昇（72試合、67・2回）、マクガフ（66試合、64・1回）、今野龍太（64試合、62回）、石山泰稚《たいち》（58試合、55回）、田口麗斗《かずと》（33試合、100・2回）、大西広樹（33試合、38・1回）、梅野雄吾（29試合、25・1回）、近藤弘樹（22試合、18・2回）が21年に活躍した主なリリーフ投手だが、次の年に大きく成績を落とした投手は近藤だけである。ヤクルトが2連覇した大きな要因と言ってもいい。

野手では遊撃手・長岡秀樹の活躍に驚かされた。21年は5試合に出場してヒットはゼロ。レギュラー候補だった元山飛優《ひゆう》が97試合に出場して53安打、打率・255を残し、西浦直亨《なおみち》は92試合に出場して打率・223ながら54安打を放ち、前年には10本の本塁打を打っている。高校卒3年目の長岡がレギュラーを奪取するとは考えづらい。それが139試合に出場して打率・241、本塁打9を記録した。守備面では遊撃手としての守備機会（刺殺＋補殺＋失策）が659で、他球団のライバル、中野拓夢《たくむ》（阪神）657、小園海斗（広島）518、坂本勇人（巨人）371、大和（DeNA）285、龍空《りゅうく》（中日）256はおろか、今春のWBCのレギュラー候補、源田壮亮（西武）の486も大きくリードしているのだ。

守備機会は守備のうまさを判断する重要な基準だ。捕球が難しいヒット性の打球を果敢に捕りにいって捕球できなかったとき、エラーになることがある。それで守備率を落とす選手の評価を下げるのか、捕りにいった守備範囲の広さを評価するのかは人それぞれだが、87年に二塁手として歴代ナンバーワンの守備率・997（失策2）を記録した高木豊（当時横浜）はゴールデングラブを受賞できなかった。守備率がすべてでないという一例である。

長岡に話を戻すと、守備範囲が広く、三遊間の深いところから捕球して打者走者をアウトにできる強肩、またライナー性の高い打球をジャンプして好捕するシーンも多く見た。

今となっては長岡をレギュラーに抜擢したことは当たり前に見えるが、22年シーズン前の高津監督の立場になって思い返せば、簡単でないことがわかる。何と言っても高校卒3年目の21歳で19年のドラフト5位、体格は174センチ74キロの小兵なのだ。ドラフトの順位や体格は関係なさそうに見えて、監督を含め野球人が気にする部分である。

高津監督は二軍監督を17〜19年まで務めているが、これが指導者としてのキーポイントになった。ドラフトで17年に村上宗隆、塩見泰隆、金久保優斗、18年に清水昇、濱田太貴《たいき》、久保拓眞、19年には奥川恭伸、大西広樹、長岡が入団している。昨年も書いたがオリックスの中嶋聡監督も二軍監督出身である。ここで全球団監督の就任前の肩書を見てみよう。

ヤクルト　高津臣吾／二軍監督（17〜19年）　DeNA　三浦大輔／二軍監督（20年）
阪神　岡田彰布／評論家　巨人　原辰徳／評論家　広島　新井貴浩／評論家
中日　立浪和義／評論家
オリックス　中嶋聡／二軍監督（19〜20年）
ソフトバンク　藤本博史／二軍監督（21年）
西武　松井稼頭央／二軍監督（19〜21年）　楽天　石井一久／球団GM
ロッテ　吉井理人／球団ピッチングコーディネーター&日本代表投手コーチ
日本ハム　新庄剛志／在野

チーム成績上位の監督の前職が二軍監督なのは偶然か必然か。ちなみに現在の二軍監督は、ヤクルト・池山隆寛、DeNA・仁志敏久、阪神・和田豊、巨人・二岡智宏、広島・高《こう》信二、中日・片岡篤史、オリックス・小林宏、ソフトバンク・小久保裕紀、西武・西口文也、楽天・三木肇《はじめ》、ロッテ・鳥越裕介、日本ハム・木田優夫という顔ぶれ。22年の上位球団が戦略的に二軍監督を人選しているように私には見える。

横道に逸れたがヤクルトはきちんと将来を見据えてチーム作りをしているのがわかる。あとは3年後のメジャー挑戦を表明している村上の後継者作りを、ここから3年間でどう準備していくか。今年のドラフトが非常に大きな意味を持っている。

スタメン分析

ディフェンスの要、中村悠平の守備力は古田クラス

今のヤクルト野手陣では村上、山田、塩見に次いで存在感のあるのが捕手の中村悠平だ。今春のWBCでは15年のWBSCプレミア12に次いで二度目のジャパン代表に選出され、過去2年はベストナイン、ゴールデングラブ賞を受賞（15年も受賞）、21年には打率・318と好守が評価され日本シリーズMVPも獲得している。14年間のプロ野球生活の中で全盛期を迎えていると言っても過言でないのが現在の中村である。

昨年は80試合に出場、守備機会（刺殺502、補殺62）564で失策0の守備率10割、さらにCS（クライマックスシリーズ）3試合、日本シリーズ7試合すべてを1人で守り切り失策ゼロ。前に書いた通り、ベストナインとゴールデングラブ賞のW受賞は15、21、22年に次ぐ3度目でこれはセ・リーグでは古田敦也（ヤクルト）9度、阿部慎之助（巨人）4度に次ぎ、山倉和博（巨人）、達川光男（広島）に並んで多く、守備率10割でのW受賞はリーグでは初めてのこと。

もう一つ加えれば昨年の盗塁阻止率・364もリーグ1位でベストナインとゴールデングラブ賞の受賞との同時達成はプロ野球史上初の快挙。守りに関しては過去2年、球団の

先輩、古田に匹敵すると言ってもいい高みにいる。

強いチームの必要条件としてしばしば挙げられるのがセンターライン（投手、捕手、二塁手、遊撃手、中堅手）の整備だが、これに和製大砲2門とリリーフ陣の勝利の方程式が入るというのが私の意見。現在のヤクルトは球界屈指の和製大砲2門が揃い（村上＋山田）、センターラインも高いレベルで整備され（捕手・中村、二塁手・山田、遊撃手・長岡秀樹、中堅手・塩見）、理想型に近い。

外国人の活躍も見逃せない。昨年、一塁手のオスナは規定打席に到達し、リーグ15位の打率・272、安打135、本塁打20、打点74。右翼手のサンタナは昨年、規定打席未到達で打率・275、安打52、本塁打15、打点35。21年も規定打席未到達で打率・290、本塁打19、打点62。この成績では普通なら戦力外を言い渡されても文句は言えないが残留している。

他球団を見れば歴史的と言ってもいい外国人の成績不振が続いている。もし、昨年の成績を見て戦力外と判断していれば、他球団と同じように、新外国

スタメン候補

	［スタメン］	［控え］
捕	中村　悠平	内山　壮真
		古賀　優大
一	オスナ	＊宮本　丈
二	山田　哲人	荒木　貴裕
三	＊村上　宗隆	＊奥村　展征
		＊川端　慎吾
遊	＊長岡　秀樹	＊元山　飛優
左	＊山崎晃大朗	＊青木　宣親
中	塩見　泰隆	＊丸山　和郁
右	サンタナ	濱田　太貴

＊は左打ち

人探しに躍起になっていたかもしれない。そう考えると、これからの外国人戦略は、打者は「3割、30本、90打点」という能天気な成績を予想せず、3年かけてその成績に到達するように導く、くらいの中期的な目標を立てたほうがいいのではないかと思うのだ。そして、ヤクルトの外国人戦略はそうなっている。

数少ない不安要素が山田の低調だ。昨年の打率・243、安打114、本塁打23、打点65は明らかに低調と言っていい。21年の打率・272、安打134、本塁打34、打点101も低調とは言わないまでも絶好調とは思えない。評価が厳しくなるのは14〜19年までの成績が非常に高いからだ。打率・300、安打160、本塁打33、打点93は1シーズンの平均値としては飛び抜けている。

昨年、もう1人成績を大きく落とした選手がいる。巨人の岡本和真だ。21年は本塁打39、打点113だったのが昨年は本塁打30、打点82まで落ちている。2人のライバルである村上が中盤から大爆発し、スポーツ紙の見出しには〝村神様〟の三文字が躍ることが多くなった。その大波が2人にもろに降りかかった、というのが私の意見だ。

昨年の不振でWBCの代表メンバーから脱落する可能性があったが、栗山英樹監督は2人を選出した。村上云々を別にしても世界一をめざすヒリヒリする戦いが山田と岡本に好影響を与えることは間違いない。

ピッチングスタッフ分析

新守護神はシュートで内角を攻め続けた木澤尚文

攻撃陣にくらべると投手陣には不安がある。抑え役のマクガフがダイヤモンドバックス入りのため退団したことが最大の不安要素になる。マクガフが挙げた2勝2敗38セーブ、防御率2・35を違うピッチャーで再構築しなければならないのだ。ただ、昨年の日本シリーズ第5戦では一塁送球エラー、第6戦でもバント処理の際、致命的なスキを見せたので、残留しても昨年の成績がそのまま見込めるとは思わなかった。

マクガフがスキを見せた日本シリーズではリリーフ陣は凄みも見せつけた。それは石山泰稚、大西広樹、木澤尚文、久保拓眞、小澤怜史、今野龍太、清水昇たちによる徹底的な内角攻めである。球威に勝る宇田川優希、山﨑颯一郎《そういちろう》たちオリックスのリリーフ陣に対して、ヤクルトの中継ぎ陣は内角の胸元を徹底して攻めた。この内角攻めはシーズン中の与死球数の多さでも確認できる。チーム全体の与死球は巨人65、ヤクルト59、ＤｅＮＡ58、広島53、中日50、阪神40である。

日本シリーズなどの短期決戦では外国人や強打者を封じるため徹底して内角を攻めることがある。言い換えればシーズン中にそういうピッチングができたら投手成績は上がるの

ピッチングスタッフ			
[先発]	[中継ぎ]	[抑え]	[その他]
小川　泰弘	清水　昇	木澤　尚文	金久保優斗
サイスニード	石山　泰稚		梅野　雄吾
＊高橋　奎二	大西　広樹		＊久保　拓眞
原　樹理	今野　龍太		＊石川　雅規
奥川　恭伸	ケラ		高梨　裕稔
＊ピーターズ	＊田口　麗斗		エスピナル

＊は左投げ

だが、なかなかできない。短期決戦だからこそ腹をくくって内角を攻め続けることができるのだ。それをヤクルト投手陣はやった。

22年は42歳の左腕、石川雅規《まさのり》が与死球3個（新人年の02年から21年連続与死球。通算90与死球は現役3位）を記録し、リーグ1位は高橋奎二の9個で、小澤怜史はわずか46イニングで6個も与えている（与死球率1・17）。リリーフ要員は石山2、市川悠太1、梅野雄吾1、大西2、木澤3、久保2、今野2、坂本光士郎1、清水1、田口麗斗3のように満遍なく記録している。

はっきり言ってヤクルト投手陣は力で押す力投派が少ない。そういうパワー不足を攻撃的な姿勢で補っていると言っていい。主テーマのマクガフの後継者だが、昨年の日本シリーズでオリックス打線をシュートで押しまくった木澤が最も適任だと思う。

第1戦（4対2の6回表）1回　被安打0　与四球1　失点0
第2戦（3対3の12回表）0・1回　被安打1　与四球1　失点0

第4戦（0対1の6回裏）2回　被安打1　与四球0　失点0
第6戦（0対1の7回表）1回　被安打1　与四球0　失点0

木澤は昨年の日本シリーズに4試合登板して4回3分の1を投げ、被安打3、与四球2、奪三振2、失点0という内容。2点リードの場面が1試合、引き分けが1試合、1点ビハインドが2試合、すべて僅差の場面での登板はベンチの信頼を証明している。

最速は156キロだが、この球種がストレートではない。鋭く右打者の内角をえぐるシュートなのだ。日本シリーズをテレビあるいはバックネット裏から観戦した人ならわかると思うが、普通のストレートなど投げない。ほとんどの球種がシュートなのだ。もともとシュート回転するストレートを直そうとしたが、強い球筋のクセ球をそのまま武器にしたほうがプラスになると発想を変えたという話が伝わっている。

木澤だけではない。大西もシュートに似た軌道で右打者の内角を突くシンカー、左腕の久保拓眞もシュートを武器に左打者の内角を突いて強力打線を封じていた。オリックスの剛腕、宇田川優希、山﨑颯一郎に力では及ばないが、内角攻めの迫力は昨年の日本シリーズで全国の野球ファンに伝えられた。

ドラフト2、3位で〝ポスト村上宗隆〟候補を指名

1位吉村貢司郎《こうじろう》（東芝・投手）は日大豊山高、国学院大時代から速球派として知られていた。東芝入社2年目の昨年もドラフト候補に挙げられていたが、プロの指名はなし。ストレートは速いが空振りが取れない、という声も聞いたが、ＥＮＥＯＳの補強選手として出場した21年都市対抗の2回戦、日本通運戦では先発して7回を投げて被安打3、与四球1、奪三振7、失点1でチームを3回戦に導いた。ストレートの最速は１５３キロを計測しコントロールも安定。どうしてプロの指名がないのか理解できなかった。

不満はボールの回転数。東京ドーム記者席に設置されたモニターに映し出された回転数は２２００ｒｐｍ台が多かった（ｒｐｍ＝revolution per minute　1分あたりの回転数）。相手チームの先発、相馬和磨もドラフト候補に挙げられる左腕だが、この試合のストレートの最速は１４６キロで吉村より7キロ遅い。それでも回転数は２４００台が多く、２５５２というのもあった。スカウトが吉村に抱く不満が何となく見えてくる。

22年になるとそういう不満を実戦で解消していった。スポニチ大会初戦のヤマハ戦では7回3分の1を投げて被安打7、与四球1、奪三振9という内容だった。8回にガス欠を

起こして2失点を喫したが、9個の三振のうち5つをキレ味鋭いフォークボールで奪っている。140キロ前後の速さで落差は小さい。佐々木朗希（ロッテ）のような大きな落差でなく鋭くスパッと落ちる。投手力に若干弱みを見せるヤクルトでは貴重な戦力になりそう。

2位西村瑠伊斗（京都外大高）は高校通算54本の本塁打を量産しているスラッガーだ。スポーツ紙などには「外野手」として紹介されているが、サンスポの配信記事で高津監督は「サードなどをやる予定にしている」と言っている。サードは言うまでもなく村上宗隆の守るポジション。また22年11月中旬に配信された日刊スポーツには「3年契約を結んだ村上宗隆内野手が、3年後の25年オフにポスティングでのメジャー挑戦が容認された」（日刊スポーツ配信）とある。二つの記事を読み合わせると、フロントの将来を睨んだ狙いが見えてくる。

2位という高位で指名されているので、西村が3年後にいなくなる村上の後釜候補だとわかる。高校生のスラッガータイプは成功すれば大きく育つが、まったく活躍できないこともある。そういう百かゼロかを嫌う球団は60～70点狙いのドラフトをやればいいが、村上の後継者探しはそういうわけにはいかない。1、2位の上位で将来性を秘めた、できれば高校生の野手を指名し続ける、そういう気概がこの指名には感じられるのだ。

西村が成功しなければ、第2、第3のポスト村上を上位で指名すればいいのだ。1回失敗すると、すぐ方針を転換する球団があるが、根本陸夫氏が舵を取った70～80年代の西武のドラフトは失敗もするがスケールのでかいチームを作るという方針に迷いがなく、80～90年代に日本シリーズ3連覇を2回達成する最強チームを作った。

西村は体格が179センチ、78キロ。昨年のドラフトで体重が身長から100引いた数字を下回っている高校生野手は西村以外で松井汐恩《しおん》（DeNA1位）とイヒネ・イッア（ソフトバンク1位）しかいない。この数字はウエイトトレーニングをしてこなかった選手に多く、ウエイトトレーニングをしないで高校通算54本のホームランを放っているところに伸びしろを感じてしまう。

たとえば、大谷翔平（エンゼルス）の現在の体格は球団発表で193センチ、95キロだが、ドラフトで指名された花巻東高時代は86キロだった。現在の球界では179センチあれば80キロ以上が常識なので、西村がプロでする最初の仕事は体作りになりそうだ。

3位澤井廉《れん》（中京大・外野手）はどっしりした構えからインサイドアウトでバットを振り出し、フルスイングでボールを捉える強打者だ。センターからレフト方向にも飛距離を出せる村上タイプで、リーグ戦では通算90安打、10本塁打を放っている。リーグ内では徹底的なマークを受けるスラッガーで、入学早々の1年春には指名打者として、2年秋、3年春、秋には外野手としてベストナインに選出され、3年秋にはMVPにも輝いている。
3年後に村上がいなくなることが有力になった今、2位高校生スラッガーの西村、3位大学生スラッガーの澤井という指名を目にすると、ヤクルトの覚悟のような思いが伝わってくる。来年の話をすると滑稽かもしれないが、西村、澤井の1年目の結果だけではポスト村上問題は解決しないので、続いて真鍋慧《けいた》(広陵高)、佐々木麟太郎(花巻東高)の指名もお願いしたい。ポスト村上問題はヤクルトにとってそれくらい重大なのである。

4位坂本拓己《たくみ》(知内高・投手)は昨年注目を集めた道産子エースの1人だ。他には斉藤優汰(苫小牧中央高→広島1位)、門別啓人《もんべつけいと》(東海大札幌高→阪神2位)も高評価でプロから迎えられた。22年夏の南北海道大会では準決勝までの3試合を1人で投げ抜き4失点に抑えて同校を初の決勝進出に導いた。準決勝の東海大札幌高戦は超高校級左腕、門別との投手戦になり9回を投げ被安打5、奪三振7、失点1の内容で難敵を退けた。180センチ、85キロの堂々とした体格から放たれるストレートの最速は147キロを計測、変化球はカーブ、スライダー、チェンジアップと今どきの高校生にしては少なめだ。
テークバックでの上半身と下半身の割れが不十分で、ステップも狭い。プロで活躍するピッチャーはステップの広い・狭いに関係なく、踏み出したときに体が割れるが、今の坂本はステップしてすぐ上半身が追いかけていくので割れない。ここが改善できれば先発タイプの本格派という希少性に注目が集まってくると思う。

5位北村恵吾（中央大・一塁手）は通算打率・219と低いが22年の春、秋に一塁手のベストナインに選出されている。とくに春は打率が初めて3割を超え、四死球10はリーグで3番目に多かった。その数字を象徴する試合が4月12日に行われた青山学院大との1回戦。第1、2打席でヒットを打ったあとの第3打席、無死二、三塁の場面でボールカウント1ボール2ストライクから3球ボールを選んで歩いたのだ。第4打席はボールカウント0－2から4球ボールを選んで歩き、第5打席は3－1から四球。第4、5打席は相手が23年のドラフト上位候補、常廣羽也斗《つねひろはやと》だったから価値がある。

物足りないのはバッティングの安定感だ。始動が早かったり、遅かったりで、打つ形が一定しないのだ。22年秋季リーグではベストナインに選ばれたものの、打率・108はリーグ最下位の36位。安打はたった4本しか打っていない。ベストナインの得票も5票しか得ていないので、よほど選手がいなかったのだろう。

ただ、試合を見るたび、ヒットを打っていなくても、観戦ノートにはどんなタイミングで打っているか、打つ形はどうだったか……等々、記述が必ずある。近江高時代、甲子園大会に3回出場し、通算打率・464を記録していることが頭に引っかかっているのだろう。掘り起こされていない素質がまだありそうだ。

横浜DeNAベイスターズ

松尾汐恩

「ドラ1捕手」松尾汐恩の圧倒的ポテンシャル

年	シーズン順位	交流戦順位	観客動員数
2018	4位	8位	202万7922人(6位)
2019	2位	4位	228万3524人(5位)
2020	4位	—	46万7700人(5位)
2021	6位	3位	72万5858人(4位)
2022	2位	6位	177万8980人(6位)

＊(　)は12球団中の順位

選手の年齢構成（DeNA）

年齢	投手	捕手	一塁手	二塁手	三塁手	遊撃手	外野手
19	森下瑠大	松尾汐恩				粟飯原龍之介	
20	小園健太 深沢鳳介				小深田大地		
21	髙田琢登					森敬斗	
22		東妻純平					
23	橋本達弥 宮城滝太	益子京右		林琢真			
24	中川虎大 阪口皓亮 池谷蒼大 徳山壮磨 三浦銀二					知野直人	梶原昂希
25	伊勢大夢 京山将弥 入江大生 吉野光樹 石川達也	山本祐大		牧秀悟			
26	坂本裕哉						蝦名達夫
27	上茶谷大河		伊藤裕季也				
28	東克樹 濵口遥大 平良拳太郎 笠原祥太郎						楠本泰史 関根大気
29	大貫晋一					京田陽太	佐野恵太 神里和毅 アンバギー
30	石田健大 今永昇太 ガゼルマン ウェンデルケン			柴田竜拓 田中俊太			桑原将志
31	山﨑康晃 エスコバー 宮國椋丞						
32	森原康平						オースティン
33	三嶋一輝	戸柱恭孝					大田泰示
34	平田真吾 田中健二朗	伊藤光	ソト				
35～				藤田一也	宮﨑敏郎	大和	

［註］ポジションは22年の一、二軍の守備成績を参考

外国人頼りの体質を乗り越えて上位進出した22年

過去5年、チームの柱は外国人打者だった。現在も在籍するソト、オースティンは来日している外国人の中でもトップクラスの実績を残してきた。ソトは過去5年で通算147本塁打を放ち、来日1年目の18年にいきなり41本で本塁打王、19年には43本塁打、108打点で二冠王に輝いている。

オースティンはソトほど活躍が際立っていないが、20年には65試合に出場して20本塁打、56打点、21年は107試合に出場して打率・303、本塁打28、打点74を残した。ソトが在籍した18～21年のチーム成績は18年4位、19年2位、20年4位、21年6位とよくない。これほど優秀な外国人がいてもチーム浮上の起爆剤にはならなかった。それが、22年はソトが98安打、オースティンは38試合の出場にとどまり、ヒットはわずか5本という低空飛行だった。そして、それにもかかわらずチームは2位に入った。

73勝68敗、勝率・518、首位ヤクルトとのゲーム差8を見ればよいとは言えないが、外国人頼りの体質を脱したことは大きい。オースティンが21年の東京オリンピックでベストナインに選出されたあと、メジャー復帰を匂わせる記事が出た。ヤクルトのマクガフが

22年シーズンオフ、ダイヤモンドバックス入りした記憶もまだ新しい。日本のプロ野球の力が向上した今、外国人なら誰でもそれなりの成績を残した昔と異なり、打つ形、投げる形をきちんと持っていないと活躍できないことは昨年の外国人選手の成績を見ればわかる。

逆に考えれば、レベルの高い日本のプロ野球で活躍した外国人選手はメジャーリーグ各球団から狙われやすい。マクガフ以外でも、巨人を退団したあとカージナルスに入団、いきなり18勝4敗で最多勝に輝いたマイコラス、21年限りで阪神を退団してパドレスに入団、5勝1敗、11ホールドを挙げたスアレスが好例だ。スカウティングの目線は日本人だけでなく、元メジャーリーガーなど〝外国人〟にも向けられている。日本のプロ野球は、MLBから見れば〝生け簀《す》〟のようなものなのだ。

話が長くなったが、外国人が活躍すればするほど将来のチーム設計は不安定になる。いつMLBから手が伸びてくるかわからないのだから当然だろう。そういう外国人頼りの体質をDeNAは脱しつつある。攻撃陣は佐野恵太が3年連続で打率3割超。牧秀悟は2年目にして打率・291、本塁打24、打点87を残し、球団初の新人から2年連続20本塁打超えをマーク。22年は佐野、牧ともにベストナインにも選出されている。

攻撃陣だけではない。投手陣では今永昇太が3年ぶりの2ケタ、11勝4敗、防御率2・26でチームを支えた。21試合に登板して143回3分の2なら、1試合平均のイニング数は7回弱である。チームメイト、大貫晋一の24試合＝136回3分の2とくらべても今永の奮闘ぶりがわかる。ちなみに、完投は今永が3（完封2）、大貫が0である。シーズンごとの調子の善し悪しが少ない大貫の安定感も光り、昨年は今永が8月に4連勝、大貫が7月に2勝1敗、8月に3勝1敗を挙げ、チームをAクラスに押し上げる原動力になった。

日本人選手が主力にのし上がりチーム成績が2位になったことは好材料。不安材料は今永がメジャー挑戦を表明したことだ。21年の契約更改の席上でメジャーリーグに興味はあるかと球団から聞かれ、「あります」と答えたと報道されている。今永のメジャー挑戦はリアルな話で、日本が優勝した19年のWBSCプレミア12ではスーパーラウンドのメキシコ戦に先発して6回を1安打、1失点に抑え、勝ち投手になっている。国際大会にはMLBのスカウトが集まっているので、今永の存在はすでに知られているだろう。

7年間、先発として投げてきて通算成績が57勝46敗、防御率3・24は普通だが、9イニングでの被安打数7・47、与四死球率2・94、奪三振率8・92が凄い。1試合完投して7安打、3与四死球、9奪三振の先発型サウスポーなら、メジャーリーグでもほしいだろう。

今永がいなくなる準備は21、22年のドラフトでしっかり見せてくれた。21年は小園健太（市和歌山高・投手）、22年は松尾汐恩《しおん》（大阪桐蔭高・捕手）という将来性志向の高校生バッテリーを1位指名しているのだ。結果はこれからだが、プロセスに可能性を感じた。

スタメン分析

高校卒ルーキー、松尾汐恩抜擢のすゝめ

11～18年までの8年間、即戦力候補の大学生投手を1位で指名し続け、Aクラスに入ったのはわずか2回。この保守的なドラフトに変化が見えたのが19年。1位で高校生の遊撃手、森敬斗にいきなり入札したのだ。この年の人気選手は4球団が競合した佐々木朗希（ロッテ・投手）、3球団が競合した奥川恭伸《やすのぶ》（ヤクルト・投手）と石川昂弥《たかや》（中日・三塁手）。それが1位指名さえ微妙だった森に向かったのだ。高校生を指名しない代表的な球団、DeNAが育成に苦労する高校生の野手に向かったのは評価できるが、佐々木なり奥川なりに向かってから外れ1位で指名し直してもよかったのではと今でも思う。

それでも何が何でも即戦力候補の大学生投手に向かっていた頃より、元気潑溂な指名に見えた。そして22年のドラフトではセンバツ王者、大阪桐蔭高の超高校級キャッチャー、松尾汐恩を単独1位で指名。そのプレーについてはあとのドラフト分析を読んでもらいたいが、この松尾をファームに塩漬けにしないで1年目から一軍で起用してもらいたいというのが今の思い。スタメン候補に挙げるのには勇気がいったが、他の中堅・ベテランを起用しても成績は大きく変わらないと思う。それなら、将来性にかけたほうが得だと思った。

昨年、捕手で最も多く試合に出たのは嶺井博希の90試合で、その嶺井はFA権を行使してソフトバンクに移籍した。２番目に多く出場したのは戸柱恭孝《やすたか》の57試合。21年の最多も戸柱の54試合、こうして見ると３年間は捕手のレギュラーがいなかったと考えてよさそうだ。

ロッテ・松川虎生《こう》が高校卒１年目の昨年、捕手として76試合に出場して話題になった。優勝候補にも挙げられていたので、松川の起用はロッテの足を引っ張ったかもしれないが、中長期的なスパンで見れば効果的だったと思う。01年の巨人も新人捕手を多く起用し、記憶に残っている。当時の長嶋茂雄監督はドラフト１位で獲得した阿部慎之助捕手（中央大卒）を新人年に１２７試合で起用し、阿部の成績は打率・２２５（安打87）、本塁打13、打点44だった。巨人のチーム成績は優勝したヤクルトに３ゲーム差及ばない２位。前年通りディフェンス力に定評のある村田真一がレギュラーだったら順位は逆転していたのではないかと話題になったが、阿部がレギュラーに定着した翌02年はヤクルトに11ゲーム差

スタメン候補

	［スタメン］	［控え］
捕	松尾　汐恩	＊戸柱　恭孝
		山本　祐大
一	ソト	
二	牧　秀悟	＊田中　俊太
三	宮﨑　敏郎	＊柴田　竜拓
遊	＊森　敬斗	大和
		＊京田　陽太
左	＊佐野　恵太	＊神里　和毅
中	桑原　将志	大田　泰示
右	オースティン	＊楠本　泰央
		アンバギー

＊は左打ち

をつけて優勝、日本シリーズも西武に負けなしの4連勝で日本一に輝いた。

好捕手のいるところに覇権あり、は球界の常識と言ってもよく、盤石の正捕手がいない中で日本一になったオリックスが昨年オフ、レッドソックスに移籍した吉田正尚（外野手）の後釜よりFA権を行使したキャッチャーの森友哉（当時西武）を積極的に獲りにいったのは象徴的だった。松尾は高校卒だがプロで1年目からやれる実力は十分に備えている。

今季4年目を迎える森敬斗の抜擢もそろそろ期待したい。昨年遊撃手ではチームトップの81試合を守った大和は過去3年、安打数が56→68→64と横這い状態。森は新人年から3→20→36と微力ながら右肩上がりが続いている。他球団ではヤクルトの長岡秀樹が森と同じ19年のドラフト組で5位指名を受けて入団、22年はゴールデングラブ賞を受賞した。オリックスの紅林弘太郎（2位）も19年組。どちらも監督のバックアップを受けてレギュラーになった。高校卒ショートの当たり年になるかどうかはこれからの森の活躍次第である。

森と松尾以外では2人の外国人がキーマンになる。ソトは43本塁打でタイトルを獲った19年以降100安打前後の低空飛行が続き、オースティンも昨年10月に右肘内側側副靱帯修復手術を受け、開幕は難しい状態。来日3年間はよかったがそれ以降は鳴りをひそめた元西武のメヒアを思わせるフェードアウトの予兆。後釜の用意が必要そうだ。

ピッチングスタッフ分析

今永昇太の後を継ぐエースは小園健太しかいない

21年ドラフト１位、小園健太のローテーション入りが最高の希望だが、ここ数年、高校卒投手が主戦格にいた記憶がほとんどないので推しづらい。今季のピッチングスタッフの候補を見ても、高校卒は「その他」の小園、京山将弥以外には見当たらない。野手に若手抜擢の気配はあるが、投手は過去にドラフト１、２で指名した大学卒が多く、彼らは監督、コーチに「期待の若手」と認識されている。つまり小園より優先順位が高い〝若手〟がほかにいる、ということだ。

私は25歳までを若手と認識しているが、そうなると20歳の小園以外で実績がある25歳以下は阪口皓亮《こうすけ》、中川虎大《こお》、徳山壮磨《そうま》、三浦銀二、京山、伊勢大夢《ひろむ》、入江大生《たいせい》くらいしかいない。だいたい、24、５歳で実績らしきものがある高校卒が阪口と中川しかいないというのが問題である。

昨年リーグ２位だったこともあり、今季は優勝候補にも名を連ねるＤｅＮＡだが、投手に関しては潑溂とした話題が思い浮かばない。その中で昨年、エースの今永昇太が３年ぶりの２ケタ勝利（11勝４敗、防御率２・26）を挙げ、今春のＷＢＣの日本代表にも選出され

ピッチングスタッフ			
[先発]	[中継ぎ]	[抑え]	[その他]
＊今永　昇太	＊エスコバー	山﨑　康晃	＊東　　克樹
大貫　晋一	入江　大生		平田　真吾
＊濵口　遥大	三嶋　一輝		京山　将弥
＊石田　健大	＊田中健二朗		＊笠原祥太郎
上茶谷大河	伊勢　大夢		橋本　達弥
ガゼルマン	ウェンデルケン		小園　健太

＊は左投げ

スポットライトを浴びている。今永の実力なら当然だが、昨年12月8日の契約更改の席上で、メジャー挑戦の話が出たと報じられその身辺が騒がしくなった。先述の通り、21年の席上でも同じ話が出たらしいのだが、そのシーズンは5勝5敗だったので、大きくは報じられなかったのだろう。しかし、今年は日本代表としてWBCの舞台でも投げるので、MLBのスカウトの目にも触れるはず。

一発病の不安はつきまとうが、体感スピード十分なストレートにスライダー、チェンジアップなど変化球のキレのよさ、さらに昨年の与四死球率2・00と奪三振率8・27を見ればメジャーの舞台でも活躍できることは容易にわかる。興味があるのは、もし今オフ、ポスティングシステムを活用したメジャー挑戦が現実になったら、次期エースは誰になるのかということ。

実績を見れば通算39勝35敗の濵口、33勝26敗の大貫晋一、33勝34敗の石田健大が候補になると思うが、これは誰が見てもまずい。導入部で小園の名前を出したのは、DeNAの救世主になれるのはプロでまだ1勝もしていないこの若手しか思い浮かばなかったからだ。過去のドラフトを振り返っても仕方ないので、これからはもう少し中期的なスパンで指名してほしい。

リリーフ陣はまだ人材がいる。防御率のいい順に紹介していこう。

山﨑康晃1・33、伊勢1・72、エスコバー2・42、田中健二朗2・63、三嶋一輝2・84。20〜21年に抑え役から降ろされていた山﨑は昨年、54・1回投げ被安打29、与四死球9、奪三振42という抜群の安定感を発揮して守護神に復帰した。山﨑までつなぐ中継ぎ役の顔ぶれもよく、優勝候補に推したい気持ちがよくわかる。

伊勢とエスコバーの特徴は内角攻め。昨年、伊勢は68回投げて5死球、エスコバーは63・1回投げて5死球。与死球率は伊勢が0・66、エスコバーは0・71。昨年の3位阪神とのCSは1勝2敗で負け越し、ファイナルステージへの進出は阻止されたが、初戦は先発した今永のあとを受けて入江、伊勢、エスコバーにつないで失点0、第2戦は先発した大貫のあとを受けて伊勢、山﨑につないで被安打、失点とも0、第3戦は先発した濵口のあとを受けて入江、エスコバー、伊勢、山﨑につないで失点0。伊勢とエスコバーについては過去3年、大きな成績の変化はないので安定勢力と考えていいだろう。

ドラフト分析

88年谷繁元信以来、球団史上2人目の捕手のドラフト1位

今ドラフト、いきなり**1位**入札で高校生捕手の**松尾汐恩**を指名するとは思わなかったが、知ったときはリハビリ病棟の病室でガッツポーズをした。DeNAの課題はいろいろあるが、最も大きな穴は捕手である。18年以降の過去5年間、捕手で100試合出場したのはゼロ人。昨年は嶺井博希の90試合が最多だったが、オフにFA権を行使して、ソフトバンクに移籍した。

このへんでお家芸の即戦力志向をやめて、ゼロか百かの高校生、たとえば城島健司（94年ダイエー1位）、森友哉（13年西武1位）、松川虎生（21年ロッテ1位）のような高校生捕手に向かってはどうだろうと思っていたが、本当になるとは思わなかった。チームの大先輩、谷繁元信（江《ごう》の川高・現石見智翠館《いわみちすいかん》高）も88年に前身の大洋ホエールズから1位指名を受けてプロ入り、98年には38年ぶりの日本一に攻守で貢献している。

何度も言うが高校生は成功すればメジャーリーガーだが（可能性があるということ）、失敗すればまったくの音なし。しかし、向かっていかなければ玉を手にすることはできない。松尾はその「玉」になり得る逸材である。

21年秋の明治神宮大会で大阪桐蔭が優勝したときの松尾のイニング間の二塁送球は、私の計測では最速1・9秒台だったが、翌春のセンバツ大会では1・86秒（鳴門高戦）、1・87秒（市和歌山高戦）、1・84秒（国学院久我山高戦）、1・87秒（近江高戦）と速くなり、夏の選手権3回戦の二松学舎大附高戦では1・7秒台を2回（1・71秒、1・78秒）計測している。このクラスの強肩は大学生であってもまれである。

甲子園大会には21年春（1回戦）、夏（2回戦）、22年春（優勝）、夏（ベスト8）の計4回出場している。通算成績は11試合に出場して打率・385、本塁打5。22年の夏はとくに素晴らしく打率・571を残している。バッティングの特徴は22年のセンバツ大会準決勝、国学院久我山高戦で左前打、中前打、左二塁打、左本塁打、決勝の近江高戦で左本塁打を放っているように、引っ張りの傾向があるが、凡打まで見ればセンター方向も多い。いずれにしても、将来のベイスターズを背負う逸材である。

2位吉野光樹《てるき》（トヨタ自動車・投手）は上武大2年秋に6勝、3年春に5勝し、いずれも最多勝、2年秋にはベストナインに選出されているが、これからというときに新型コロナウイルス感染症の流行や故障のためスカウトの注目を集められなかったのは不運だった。プロの注目を集めるようになったのはトヨタ自動車入社後。2年目の都市対抗東海地区二次予選では西濃運輸を6回1失点、東海理化を5安打完封、第4代表決定戦の西濃運輸戦は8回を無失点に抑える好投を見せ、大会終了後に優秀選手賞に選ばれている。都市対抗でも初戦の日本製鉄かずさマジック戦に先発して4回を被安打0に抑え、チームの2回戦進出を後押ししたが、大きい舞台で投げたのはこの一戦だけ。それ以降の3試合も、チームが優勝した日本選手権でもコンディション不良で出番はなかった。

投球フォームを見た第一印象はいい意味で「まとまっている」。力みのない内回旋でテークバックまでヒジを上げていき、右腕が背中のほうまで入らず、前肩の早い開きもない。このフォームでストレートは最速150キロを計測し、変化球はフォークボールを勝負球にし、スライダー、カットボール、カーブ、チェンジアップを備える。同型として思い浮かぶのはチームメイトになる準エース格の大貫。

今季のDeNAリリーフ陣はジャパン候補の抑え、山﨑康晃をはじめ、山﨑につなぐまでの中継ぎ陣も充実している。物足りないのは先発陣。ピッチングスタッフの先発（136ページ）を考えたとき6人目の椅子を昨年1勝のガゼルマンにしようか、高校卒2年目の小園健太にしようかかなり悩んだ。そのスキに潜り込める力はある。

3位林琢磨（駒澤大・二塁手）は珍しい選手だ。東都大学リーグでは通算打率・227と安定感がなく、活躍したシーズンは規定打席に満たなかった2年秋の打率・467以外では、4年春の打率・292だけで、1年春の10安打と4年春の14安打以外はすべてヒット数が10本未満なのだ。

林のバッティングはこれまで多く見てきた。いわゆる〝見栄え〟は非常にする選手で、守備や走塁のレベルも高いので、打席に立ったときの期待値が高い。しかし、期待はしばしば裏切られた。

ところが、唯一活躍した4年春の好成績を受けて選出されたハーレムベースボールウィークではレギュラー二塁手として6試合に1、2番で出場、打率・368を残した。1試合だけ大爆発して平均打率を上げたのではない。5試合でヒットを放ち、強豪のアメリカ戦では3打数3安打を記録している。こういう選手はときどきいる。

変化球の多い日本の投手にくらべ、ストレート系が多い外国人投手にタイミングが合いやすいのだろう。ステップの出し方、出すタイミングをコーチに教えてもらえば、淡白なバッティングの印象が一変するかもしれない。そういう期待を込めた3位指名だと思う。

4位森下瑠大《りゅうだい》（京都国際高・投手）は21年夏の甲子園大会で注目を集めた。ストレートの最速は140キロ程度でけっして「大型左腕」という迫力はない。スライダーを内外角に散らし、ここぞというときの内角勝負など打者を幻惑する投球術に長け、2年夏の甲子園大会で4強入りしてドラフト候補に名乗りを上げた。

ストレートは一見、速球派に見えるが、甲子園大会での最速は3年夏の1回戦、一関学院戦で計測した140キロ。この試合では1回裏に3連打を含む4安打を集中され3点を許すが、打たれた4安打はいずれも半速球と言っていい136キロのストレート。ひと昔前、スピードボールは天性のものという認識が元プロによって語られてきたが、ストレートのスピードアップは科学的なウエイトトレーニング（肉体改造）とピッチングフォームの見直しによって可能になった。森下の場合、今の投球術にスピードが加わったら、高橋優貴（巨人）タイプの本格派に育つ可能性がある。まずは180センチ、75キロの華奢な肉体をボリュームアップしたい。

5位橋本達弥（慶應大・投手）は慶大の抑え役だ。主力として投げ始めたのは4年春から。いきなり11試合（29・1回）に登板し、1勝1敗、防御率1・53で投手成績1位に輝いた。ただし、与四死球19は9イニング投げた場合に換算すると5・83。制球難と言っていい。それが秋には10試合に登板し、1勝1敗、防御率1・23と表向きの成績は春と大差ないが、与四死球率は3・27に改善されている。

投球フォームはコンパクトでクセがなく、それでいてストレートは最速152キロを計測、カーブ、スライダー、カットボール、フォークボールの変化球の精度も高い。近年慶大出身のプロ野球選手は、柳町達《たつる》（ソフトバンク・外野手）など、下位指名から戦力になるケースが散見される。橋本は柳町と同じ道を歩めるだろうか。

阪神タイガース

小幡竜平

レギュラーを狙う「高校卒野手」の実力と課題

年	シーズン順位	交流戦順位	観客動員数
2018	6位	11位	289万8976人(2位)
2019	3位	10位	309万1335人(1位)
2020	2位	—	51万7944人(3位)
2021	2位	2位	74万9433人(3位)
2022	3位	2位	261万8626人(1位)

＊(　)は12球団中の順位

選手の年齢構成（阪神）

年齢	投手	捕手	一塁手	二塁手	三塁手	遊撃手	外野手
18･19	門別啓人 茨木秀俊	中川勇斗		戸井零士			井坪陽生
20	森木大智						前川右京
21						髙寺望夢	
22	西純矢 及川雅貴 富田蓮	藤田健斗				遠藤成	井上広大
23	鈴木勇斗				小幡竜平		森下翔太
24	湯浅京己 桐敷拓馬 岡留英貴						佐藤輝明
25	浜地真澄 村上頌樹 岩田将貴 才木浩人	榮枝裕貴					小野寺暖
26	小川一平 石井大智						豊田寛
27	伊藤将司		髙濱祐仁	植田海		中野拓夢	島田海吏
28	馬場皐輔 髙橋遥人 大竹耕太郎 ビーズリー			渡邉諒		熊谷敬宥	ミエセス
29	B.ケラー	長坂拳弥 片山雄哉		北條史也	大山悠輔	木浪聖也	板山祐太郎 近本光司 ノイジー
30	青柳晃洋 K.ケラー 島本浩也	坂本誠志郎			山本泰寛		髙山俊
31	小林慶祐		原口文仁	糸原健斗			
32	岩貞祐太 秋山拓巳 岩崎優 加治屋蓮 渡邉雄大	梅野隆太郎					
33	西勇輝 二保旭						
34							
35～							

［註］ポジションは22年の一、二軍の守備成績を参考

1勝15敗からスタートしてCS出場は実力の証

22年の阪神は波瀾万丈だった。まずキャンプイン前の1月31日、矢野耀大《あきひろ》監督が「今シーズンをもって退任しようと思っている。選手にも伝えた」とこの年限りでの退任を表明、球団内に激震が走った。それまでの3年間、3位→2位→2位の好成績を挙げ、選手との関係も良好と思われていた好漢に何があったのか。好意的に考えれば、頂点に立ち切れないチームに劇薬効果を与えようとしたのかもしれない。しかし、開幕ゲームのヤクルト戦、7回まで8対3でリードしながら8回表に4失点、8対7で迎えた9回に山田哲人、サンタナのホームランなどで3点を失い、手痛い敗北を喫してしまった。

開幕9連敗でスタートし、4月5日のDeNA戦で初勝利を挙げるが、翌日から再び5連敗を喫し、開幕17試合時点で1勝どまり（1勝15敗1分け）はプロ野球史上ワーストの記録だった。

昨年の阪神を私は優勝候補の一角に挙げていたのでかなり焦ったが、7月24日のDeNA戦に勝ち、勝率を5割に戻した。7月までの月別成績は3・4月が9勝20敗、5月が11勝13敗、6月が14勝8敗、7月が14勝6敗、ここから先、勝ち切れない戦いが続くが、最終的に68勝71敗、勝率・489で終え、CSにも進出してDeNAを2勝1敗で退け、ファイナルステージのヤクルト戦に3連敗してシーズンを終えたのはさすがだった。

23年の阪神はやはり強そうに見える。若手が続々と頭角を現している、というのが強そうに見える最大の理由だ。とくに投手陣は25歳までの若手、西純矢（22歳）、湯浅京己《あつき》（24歳）、浜地真澄、才木浩人（25歳）が昨年しっかり実績を残した。西、浜地、才木は高校卒で、湯浅はBCリーグの富山GRNサンダーバーズ出身（1年間在籍）である。阪神はドラフト上位で大学生、社会人の投手を多く指名してきた球団なので、高校卒がこういうふうに一挙に頭角を現すのは珍しい。

この若手投手陣の躍進が昨年のドラフトにも影響を与えた。2〜5位まで高校生が占めたのだ。ちなみに、1位は中央大の外野手、森下翔太だが、入札したのは高松商高の浅野翔吾（巨人）。巨人との抽選に敗れたので、同じ外野手の森下を獲るというのもいい。阪神の変貌をこういうところにも感じた。

いい点ばかり目につくが、課題は野手のレギュラーに高校卒がいないこと。歴代の日本人メジャーリーガーを見てほしい。イチロー、松井秀喜、松井稼頭央、新庄剛志、城島健司、岩村明憲、筒香嘉智、大谷翔平、鈴木誠也など野手は高校卒が多い。野球界で「高校卒」はエリートで、70年代の阪急を除けば強い球団には打線の核に必ず高校卒がいた。

1リーグ時代、〝ダイナマイト打線〟で時代を作った阪神にも藤村富美男（呉港中《ごこう》・現呉港高）というスーパースターがいて、70～80年代にも掛布雅之（習志野高）がいた。今の阪神のレギュラー野手にはその高校卒がいない。

1番中野拓夢《たくむ》（東北福祉大→三菱自動車岡崎）、2番島田海吏《かいり》（上武大）、3番近本光司（関西学院大→大阪ガス）、4番大山悠輔（白鷗大）、5番原口文仁（帝京高）、6番佐藤輝明（近畿大）、7番糸原健斗（明治大→ENEOS）、8番坂本誠志郎（明治大）――以上は昨年のヤクルトとのCS第1戦のスタメンだが、原口は昨年の出場試合数が33なのでそこには外国人、坂本のところには梅野隆太郎（福岡大）が入る予定だ。今季予想される布陣に高校卒が1人もいないことがわかるだろう。このレギュラー陣にどこまで高校卒を注入できるか、岡田彰布新監督の腕の見せどころだ。

まずは近年のドラフト上位で指名した小幡竜平（延岡学園高→18年2位）、井上広大《こうた》（履正社高→19年2位）の抜擢を期待したい。昨年のファーム成績は小幡が打率・331（安打58）、本塁打1、盗塁15、OPS・806、井上は打率・222（安打96）、本塁打22、打点70、OPS・628。岡田監督は二塁中野、遊撃小幡のプランをメディアに表明しているのでこっちは現実的、井上は率を求め、当てにいっているのでフルスイングを、という声も聞かれている。

スタメン分析

長打不足を補うリーグ断トツの俊足集団

昨年はチーム防御率2・67が12球団ナンバーワン（セ・リーグでは唯一の2点台）だったのに対して、チーム打率・243はリーグ5位。とくに深刻だったのが本塁打84（リーグ5位）に象徴される長打不足。本塁打2ケタを記録したのが大山悠輔23本、佐藤輝明20本の2人だけでは、村上宗隆、山田哲人を擁するヤクルトに勝てるわけがない（ヤクルトのチーム本塁打174は12球団中1位）。

見込みが外れたのが外国人の不振。ロハス・ジュニアは打率・224（安打41）、本塁打9、打点27、マルテは打率・256（安打23）、本塁打1、打点11。21年限りで退団したサンズの成績は打率・248、本塁打20、打点65だったが、このレベルの成績を昨年残した外国人は12球団でオスナ（ヤクルト）、ウォーカー、ポランコ（ともに巨人）、マクブルーム（広島）、ビシエド（中日）だけ。今後は阪神だけでなく、外国人の「合格・不合格基準」をどこに置くかが問題になるだろう。今年の新外国人はノイジー（アスレチックス、二、三塁手）とミエセス（レッドソックス3A、外野手）。昨年はノイジーがメジャー、ミエセスが3Aでプレーし、成績は以下の通りだ。

ノイジー　89試合　打率・214（安打58）本塁打4　三塁打2　打点26　盗塁6
ミエセス　60試合　打率・271　本塁打12　打点35

ノイジーは盗塁と三塁打の記録を見れば一定の脚力を備えているのがわかる。動画で見くらべても一発がある代わりに安定感がなさそうなミエセスに対して、ノイジーは打席内でのアクションが小さく、対応力がありそうに見える。ノイジーの守備位置は資料では二塁と三塁が多いが、今季は中野が遊撃から二塁にコンバートされ、三塁には佐藤が就く予定なので外野に回る公算が大。ミエセスも外野手。岡田彰布新監督はラジオ番組に出演した際、2人の起用法を「ノイジーのほうは一応メインで取った。2人（同時にスタメンで）は使わないと思いますよ」と語っているので、ノイジー主体になりそう。

主軸が予定されている大山が過去3年の成績を見ると安定期に入ったように見える。打点は85→71→87で推移し、本塁打も28→21→23で順調。もうひとつ欲張って30本塁打に到達してもらいたいが、今のままでも主軸の役割を果たしている。

スタメン候補

	［スタメン］	［控え］
捕	梅野隆太郎	坂本誠志郎
		長坂　拳弥
一	大山　悠輔	原口　文仁
二	＊中野　拓夢	渡邉　諒
		山本　泰寛
三	＊佐藤　輝明	＊糸原　健斗
遊	＊小幡　竜平	＊木浪　聖也
左	ノイジー	井上　広大
中	＊近本　光司	ミエセス
右	森下　翔太	＊島田　海吏

＊は左打ち

問題はもう一人の主軸候補、佐藤輝明だ。新人年が本塁打24、打点64、昨年が本塁打20、打点84は十分及第点なのだが、中盤以降の伸び悩みが2年続いているのだ。昨年は3・4月に7本塁打、5月に5本塁打とするも、6月以降、8本塁打に終わっている。新人年も前半戦が終了する7月14日までに20本塁打を打っているが、それ以降4本に終わっている。

荒療治として三塁のポジションからの撤退はどうだろう。球界には三塁というポジションを聖域と見る傾向がある。阪神なら〝ミスタータイガース〟の異名を持つ藤村富美男、掛布雅之が守ったポジションである。それを強奪する荒療治。今のままでは三塁は与えられない、と迫るのだ。そもそも、昨年の守備率は三塁・939、外野・980と大差があり、この佐藤とくらべてノイジーの三塁守備は動画を見る限り、強肩でフットワークもいい。

ショートに就くことが予想されている小幡竜平の遊撃手としての守備率・941と佐藤の三塁手としての守備率を重ね合わせると、これで優勝に手が届くとは思えない。

小幡は、打撃と脚力は素晴らしい。昨年のファームでの打撃成績は前にも紹介しているので詳述しないが、二塁打7、三塁打3もみごとで、OPSは8割を超えている。昨年リーグ断トツの110盗塁（2位はヤクルトの69盗塁）を記録した猛虎打線に小幡という俊足が名を連ねると、優勝争いにも加わりそうだ。

ピッチングスタッフ分析

先発、リリーフとも役者が揃い、優勝候補に躍り出る

打線にくらべて投手陣は理想的な顔ぶれだ。WBCの日本代表は湯浅京己だけだが、青柳晃洋が入っていてもおかしくなかった。スピードのない変則（サイドスロー）は国際大会で通用しない、とは過去の大会を通じて得た教訓だが、青柳は過去2年の成績が圧倒的で、私は選出してほしかった。

――

21年　25試合　13勝6敗　防御率2・48

22年　24試合　13勝4敗　防御率2・05

――

2年続けて最多勝、最高勝率を手にし、22年は最優秀防御率にも輝いている。また、22年には1イニングあたり何人のランナーを出塁させたかを表す数値、WHIPが0・97を記録。1未満が超一流の目安なので、「日本代表候補」と呼んで差し支えないと思う。ストレートに速さはないが、スライダー、カットボールと逆方向に変化するツーシーム、チェンジアップで打者の目を左右に幻惑し、昨年の与死球8は規定投球回到達の中では戸郷翔征（巨人）、森下暢仁《まさと》（広島）と並んで1位。左腕の伊藤将司は同じ技巧派でも左右に幻惑する青柳タイプではない。真上から腕を振り、変化球はカーブ、スライダー、チェンジ

ピッチングスタッフ			
[先発]	[中継ぎ]	[抑え]	[その他]
青柳　晃洋	＊岩崎　　優	湯浅　京己	＊桐敷　拓馬
＊伊藤　将司	浜地　真澄		秋山　拓巳
西　　勇輝	ビーズリー		森木　大智
西　　純矢	K.ケラー		＊渡邉　雄大
才木　浩人	＊岩貞　祐太		石井　大智
＊大竹耕太郎	＊及川　雅貴		B.ケラー

＊は左投げ

アップ、フォークボールという縦変化主体だ。さらにもう1人の技巧派、西勇輝は毎年、死球を5個以上記録する超攻撃型の業師。タイプが異なるこの3人の技巧派に昨年表舞台に出てきた若手の西純矢、才木浩人を交えた先発5人組が今年の阪神の最大のセールスポイントだ。

西純は次期エースと言っていい。胸を張ったワインドアップから腕を振り、球持ちのいい角度十分のストレートは最速154キロを計測し、変化球は140キロ台中盤のフォークボールを勝負球にし、カーブ、スライダー、チェンジアップなどを多彩に投げ分ける。

金本知憲監督になった16年からドラフトが一変した阪神。1位指名は将来の4番打者かエースになり得る投手と基準を決め、それまでの何となく即戦力、という選手は指名しなくなった。

16年大山悠輔（単独指名）、17年×清宮幸太郎→×安田尚憲→馬場皐輔《こうすけ》（2球団競合）、18年×藤原恭大→×辰己涼介→近本光司、19年×奥川恭伸→西純矢、20年佐藤輝明（4球団競合）、21年×

小園健太→森木大智《だいち》、22年×浅野翔吾→森下翔太

みごとに金本イズムが継承されていることがわかる。そして、2位以下でも現在の一軍メンバーが何人も指名されている。

才木（16年3位）、浜地真澄（16年4位）、糸原健斗（16年5位）、髙橋遥人（17年2位）、島田海吏（17年4位）、小幡（18年2位）、木浪聖也（18年3位）、湯浅京己（18年6位）、伊藤将司（20年2位）、中野拓夢（20年6位）

ドラフトでチームが変わる見本を阪神はこの7年間でしっかり見せてくれた。

投手陣の話に戻ると、今年の阪神投手陣で大きく変わるのはリリーフ陣、それも抑え役なのだ。昨年の抑え、岩崎優《すぐる》は57試合に登板して1勝6敗11ホールド28セーブ、防御率1・96を挙げた。これは十分、役割をまっとうした成績だ。ただ55回投げて被安打63、与四死球12、奪三振44は物足りない。被安打63と与四死球12を足した75が投げた55回を大きく上回っているのだ。このあとの湯浅とくらべてほしい。

今季の抑え、湯浅は昨年58回投げ2勝3敗43ホールド、防御率1・09。詳しく内容を見ていくと、被安打38、与四死球12、奪三振67なら、ベンチの監督は安心して試合を見ていられる。今年はWBCの日本代表にも選出され、さらにスケールを増してチームに戻ってくる可能性がある。シーズン前、こんなに楽しみな阪神を見るのは記憶にない。

ドラフト分析

2~5位に高校生の投打の逸材が並ぶ将来性志向

1位森下翔太（中央大・外野手）は東海大相模時代の高校通算本塁打が57本。中央大に進学後は1年春のリーグ戦でいきなり打率・306、2本塁打、9打点の好成績でベストナインに輝き、日米大学野球選手権では日本代表に選出され4試合に出場している。

2年秋から3年春は打率が1割台まで落ちたが4年春に打率・311、3本塁打、11打点を残して自身2度目のベストナインに輝き、秋のリーグ戦の打率・250、1本塁打、5打点は平凡だが、四死球11はリーグ最多タイ。優勝戦線に踏みとどまった10月19日の日本大戦では2対1でリードする8回表にレフトへソロホームランを放ち、貴重な勝利をもたらした。リーグ戦で放った本塁打数は通算9本。

今季、大山悠輔が一塁、佐藤輝明が三塁を守ると予想され、外野は近本光司が中堅を守る以外は未定。昨年のドラフトで外野手の浅野翔吾（高松商高）に1位入札し、巨人との抽選で敗れると迷いなく同じ外野手の森下に転換できたのはそれだけ外野手の補強戦略が徹底されている証拠だろう。

春のリーグ戦では打席で低く構え、投手の動きに対する始動が早く、差し込まれたくない心理が透けて見えた。打ちにいくときのステップの動きも急で、好打者の特徴であるゆっくりと慎重に踏み出す動きとは違った。秋は成績こそ落ちたが、低かった構えが普通になり（バットのグリップが肩のあたり）、ステップの早い動きも解消されていた。野球選手はプロでもアマチュアでも成績が落ちればよかったときのフォームに戻ろうとするが、森下はいい形を追求し続ける。

2位 門別啓人《もんべつけいと》（東海大札幌高・投手）は1年秋からエースを任され、2年夏の北海道大会では4試合で34奪三振を記録し、チームを準々決勝に進出させる原動力となる。同年秋には北海道大会準決勝に進出、3年春には北海道大会出場をかけた地区大会、札幌新陽戦で1試合20奪三振の大会記録を達成。大きな話題になった。同年夏の北海道大会でも準決勝に進出。敗れたが知内高の坂本拓己（ヤクルト4位）と見応えのある投手戦を展開した。

内回旋でテークバックまで柔らかく腕を上げ、高い位置からヒジを起点とした腕の振りで投げ込んでいく。スライダー、カーブ、チェンジアップを持ち球にし、速いストレートを交えた緩急で打者を打ち取っていく。現在の阪神投手陣は先発に青柳晃洋、西勇輝、伊藤将司、西純矢、才木浩人、リリーフに湯浅京己、岩崎優などが揃いチーム防御率2・67は12球団中ナンバーワン。若手は西純、才木、湯浅以外にも浜地真澄、及川《およかわ》雅貴、森木大智、鈴木勇斗、桐敷《きりしき》拓馬がいて充実。ここに割って入るのは大変だが、チーム全体で強力投手陣を作ろうとする勢いがあるので、これを追い風にして前に進めるのは強み。

3位井坪陽生《ひなせ》（関東第一高・外野手）は八王子リトルシニア在籍時の中学時代、15歳以下で構成されるU－15の日本代表に選出され、アジアチャレンジマッチに出場。関東一に進学後は甲子園大会出場こそないが、1年秋からベンチ入りして、3年春には関東大会に出場。2回戦の甲府城西戦は第1打席で右中間への三塁打、第3打席ではレフト方向への三塁打を放ち、準々決勝の健大高崎戦では第1打席でライト方向への二塁打、第2打席でレフトへの2ランホームランを放ち、大舞台での勝負強さを発揮している。

バットを振り出す軌道は浅い縦軌道で、今流行のアッパースイングではない。打球はライナーに特徴がある。脚力は俊足と言って間違いない。甲府城西戦の2本の三塁打のときの三塁到達は11・79秒、11・82秒とハイレベル。2本目の打球はレフトフェンスの低い部分を直撃するライナーで、打ってから走り出すまでにロスのある右打者であることを思えば、第一級の脚力と言える。シートノックで見せる外野守備は軽快なフィールディングで、センターからキャッチャーまでのスローイングも強肩と評価していいレベル。

4位茨木秀俊（帝京長岡高・投手）は元プロの芝草宇宙《ひろし》監督を慕って札幌から越境して新潟県の帝京長岡高に入学した。3年夏の新潟大会は決勝で日本文理高に1対2で惜敗、甲子園出場は叶わなかった。この日本文理戦は田中千晴（巨人3位）と息詰まるような投手戦を演じ、延長11回にサヨナラ負けを喫したが、ストレートの速さと、チェンジアップのキレのよさがスカウトに強い印象を残した。

元プロの指導者は打者ならフルスイングで強い打球を打つ、投手なら速いストレートを投げることを推奨する傾向にある。言ってしまえば目的がシンプル。そういう指導を茨木も受けている。入学後、「真っ直ぐで押せなければ上では通用しない」という芝草監督の言葉は茨木の背中を押し続けた。

ストレートの最速は3年夏の新潟大会準々決勝で計測した147キロ。テークバックまで腕を内旋して上げていき、下半身主導で投げ込んでいく正統な本格派。入学する以前からプロ志向が強く、低めに投げる意識、変化球をストレートと同じ腕の振りで投げる意識を持っている。縦、横2種類のスライダー、カーブ、チェンジアップを備え、最も魅力があるのはチェンジアップ。ストレートと腕の振りが変わらないので、変化点でのブレーキのかかり方が強烈。プロでも大きな武器になりそうだ。

5位戸井零士《れいじ》（天理高・二塁手）は中学1年時にU－12侍ジャパンの代表に選出されベストナインと首位打者に輝くなど、早くから注目を集める存在だったが、天理高では甲子園大会の通算打率が・273と物足りない。

3年夏の海星高戦を見たときの印象をノートには「1で小さく前足を引いて、ステップ慎重。バットのグリップの位置は肩の辺りで不動」と書いた。「1」は前足を動かすタイミングのことでこれは平均より早く、慎重なステップは早い始動を補う動きで評価できる。バットが動かないのも長所。つまり、バッテリーは打席の戸井を見て、「打たれそうな雰囲気を感じて怖い」と思うだろう。海星高の宮原明弥投手は、22年ワールドカップの日本代表に選出されている好投手。動き始めからボールがキャッチャーミットに届くまで2・5秒前後を要する球持ちの長さに特徴がある。つまり、打者の動きを見ながら球をリリースできる技巧に持ち味がある。その宮原に対して第4打席、初球カーブをレフト前に弾き返した。

6位富田《とみだ》蓮《れん》（三菱自動車岡崎・投手）は22年WBSC U-23ワールドカップの日本代表に選出されている左腕だ。この大会では開幕試合の先発を任されるなど4試合に登板して失点2、防御率0・56という好成績を残し、日本チームの3大会ぶりの優勝に大きく貢献、大会後には最優秀投手賞と先発投手部門のベストナインに選出された。ストレートの最速は147キロ。日本球界ではアマチュア野球の中でも「速球派」と呼ばれる速さではない。前肩が上がり、真上から腕を振る投球フォームはチームメイトになる伊藤将司とよく似ている。伊藤のストレートの最速も140キロ台中盤で持ち味は変化球を交えた緩急の攻め。阪神はこういう技巧タイプを戦力にするのがうまいのでいいチームに入ったと思う。

読売ジャイアンツ

浅野翔吾

「甲子園のスター」入団で世代交代が始まるか

年	シーズン順位	交流戦順位	観客動員数
2018	3位	7位	300万2347人(1位)
2019	1位	3位	302万7682人(2位)
2020	1位	—	49万2526人(4位)
2021	3位	9位	81万2612人(2位)
2022	4位	10位	231万8302人(2位)

*( )は12球団中の順位

選手の年齢構成（巨人）

年齢	投手	捕手	一塁手	二塁手	三塁手	遊撃手	外野手
19							浅野翔吾
20	石田隼都 代木大和						
21			秋広優人			中山礼都	
22	堀田賢慎 井上温大	山瀬慎之助	菊田拡和			門脇誠	
23	直江大輔 戸郷翔征 山田龍聖 田中千晴			増田陸		湯浅大	岡田悠希 萩尾匡也
24	大江竜聖 大勢 赤星優志 菊地大稀						
25	山﨑伊織	喜多隆介					
26						廣岡大志	オコエ瑠偉
27	鍬原拓也 船迫大雅	岸田行倫	香月一也		岡本和真		
28	メンデス グリフィン			吉川尚輝 北村拓己			松原聖弥
29	畠世周 今村信貴						ブリンソン
30	ビーディ ロペス	大城卓三		若林晃弘		増田大輝	重信慎之介 石川慎吾
31	高梨雄平						
32							ウォーカー
33	鍵谷陽平						
34	菅野智之	小林誠司	中田翔				丸佳浩
35～			中島宏之		松田宣浩	坂本勇人	長野久義

［註］ポジションは22年の一、二軍の守備成績を参考

2年続けて首位から3、4位に陥落した原監督に神通力は残っているか

原辰徳監督の監督としての通算成績を紹介しよう。

◇第1期　＊印は日本一
02年　＊1位　※01年は長嶋茂雄監督で2位
03年　　3位

◇第2期
06年　　4位　※04、05年は堀内恒夫監督で3位、5位
07年　　1位（CSで敗退）
08年　　1位
09年　＊1位
10年　　3位
11年　　3位
12年　＊1位
13年　　1位

14年　1位（CSで敗退）
15年　2位
◇第3期
19年　1位　※16、17、18年は高橋由伸監督で2位、4位、3位
20年　1位
21年　3位
22年　4位

これまで3期にわたって監督に就き、リーグ優勝9回、日本一3回、通算1220勝（歴代10位）は名監督と言ってもいいが、若手の抜擢が目立った第1期はともかく、2期以降はFA補強も多く、戦略で称号を勝ち取った印象がない。第2期は堀内監督のあと、第3期は高橋監督のあとを引き継いでいるのも微妙だ。両氏とも適任者がいない状況のなか無理やり指揮を執らされた印象がある。多くのファンが予測したように堀内、高橋監督は好成績を収められず、堀内氏のあとを引き継いでからは、06年小笠原道大（日本ハム）、門倉健（横浜）、11年村田修一（横浜）、杉内俊哉（ソフトバンク）など、成績が落ちたあとの大型FA補強で後押しされている。

原監督の神通力が落ちているのではないか、というのは21年のシーズン後半戦を見ても

思った。首位で臨んだ9月に6勝14敗、続く10月も4勝11敗という大惨敗で、3位に終わった。そして22年はシーズン序盤に崩れた。4月まで20勝11敗で、2位ヤクルトに3ゲーム差をつけて首位を快走していたが、5月に11勝14敗、6月に9勝13敗で負け越すと歯止めがかからず、7月に5勝12敗でBクラスに転落したまま這い上がれなかった。

昨年オフ、ソフトバンクを戦力外になった松田宣浩を獲得したのは中島宏之や中田翔と同じく、日本代表まで務めた名選手の花道を巨人で用意してやろうという俠気《おとこぎ》なのだろう。しかし昨年一軍で69試合に出場し、ヒットを35本打ち、本塁打5、打率・250を残している増田陸の起用にブレーキがかかるおそれがある。前に書いた「成長期」がプロ入りして初めて訪れた増田陸は23年が最も抜擢の機会を与えなければいけない時期。そこにポジション(一塁、三塁)が重なる全盛期が過ぎた名選手が移籍してくる。これほど迷惑な話はない。自分の手でレギュラーをつかめと原監督は言うのだろうか。

昨年のドラフトでは高松商高のスラッガー、浅野翔吾を1位指名で獲得した。昨年夏の甲子園大会で3本塁打を放ったスターだが、同じ高校卒でも清原和博や松井秀喜のような180センチを超える大型ではなく、171センチの上背しかない。プロ野球選手に負けない体格で早々とプロの壁を乗り越えた2人と異なり、浅野には初めは抜擢の手助けが必要だと思うが、原監督は浅野にも自分の手でレギュラーの座を勝ち取れと言うのだろうか。

スタメン分析

増田陸を突破口にして若手抜擢の流れを

巨人の今後のテーマは新旧交代。その第一候補に増田陸を挙げた。昨年ファームでは一塁17試合、二塁32試合、三塁1試合を守り、一軍では一塁35試合、二塁8試合、三塁4試合、外野1試合を守った。内野手が本業だが、サンスポの電子版には「外野でレギュラーを取りたい。（打率・）280と2桁ホームランが目標」、スポーツ報知にも「秋季宮崎キャンプから外野の練習を本格的に始めた」という記事が載った。

増田陸のいいところはゆったりとしたタイミングの取り方。比較的遅めに始動し、足の上げ方はゆっくり、そして自分のポイントにきたボールはフルスイングでしっかりと捉える。バットは構えた位置から下がらず、むしろ打つ直前に少し上がり、緩い傾斜の縦スイングでボールの下に入るので打球に飛距離が出る。こういう好素材も、旬を逃せば普通の選手のまま終わってしまう。大事なのは一軍の舞台で抜擢すること。

もう一人、出てきてほしいのがプロ3年目を迎える秋広優人だ。ファームでは21年、打率・229、本塁打8、打点26を残し、昨年は規定打席に到達、打率・275、安打98、本塁打9、打点38で、打率はイースタン・リーグ3位に名を連ねた。ちなみに、安打数はファーム12球団の中でも最多である。

とりわけファーム暮らしが長い若手の名前を出したのは、昨年のドラフトで高校生野手の浅野翔吾（外野手）を1位指名したからだ。阪神と競合し、抽選で勝ち取ったゴールデンルーキーである。これを〝いい流れ〟にするにはまず流れに乗ることである。

68年前の1955（昭和30）年の日本シリーズ、1勝3敗の崖っぷちに立たされた巨人はベテランから若手の抜擢に切り替えて日本一をつかんだ。第5戦で捕手を広田順（30歳）から藤尾茂（21歳）、二塁を千葉茂（36歳）から内藤博文（24歳）、左翼を樋笠《ひがさ》一夫（35歳）から加倉井《かくらい》実《みのる》（21歳）に代えると、藤尾に3ラン、加倉井にタイムリーが飛び出し、巨人は4勝3敗で南海を下し、2年ぶりの栄冠を手にする。

長嶋茂雄氏ですら入団する前の話だが、当時、廣岡達郎氏は早稲田大卒のプロ2年目、森祇晶氏は岐阜高を出たばかりのプロ1年生なので、彼らに講演のような形で当時の話を聞くことはできる。チームの伝統なので、こういう歴史は大事にしてもらいたい。

スタメン候補

	[スタメン]	[控え]
捕	＊大城　卓三	小林　誠司
		岸田　行倫
一	中田　翔	中島　宏之
二	＊吉川　尚輝	増田　大輝
三	岡本　和真	＋若林　晃弘
		松田　宣浩
遊	坂本　勇人	廣岡　大志
左	ウォーカー	＊松原　聖弥
中	ブリンソン	＊重信慎之介
右	＊丸　佳浩	増田　陸

＊は左打ち、＋は両打ち

若手の抜擢は主砲、岡本和真を「若手」の枠から解放してやることでもある。原辰徳監督は「ビッグベイビー」とか「若大将」とか、若手の部分を強調するが、過去5年間、本塁打164、打点486、安打704を放ち、本塁打王、打点王を2回ずつ獲得している一流打者で、今春のWBCの日本代表にも選出されている。

ここまで増田陸、浅野、秋広、岡本と高校卒の名前だけを紹介してきたが、私が若手の基準にしている25歳以下に大学卒、社会人出身の注目選手がほとんどいないのだ。たとえば、キャッチャーの萩原哲は20年の7位指名で、今季がプロ3年目。まだ若手だが、来季に26歳を迎えるので、今年が「若手」の最終年である。

高校卒でWBCの日本代表に選出された岡本が一軍定着までに要した年数は4年、鈴木誠也（カブス）は3年、山田哲人（ヤクルト）は4年である。そのくらいの年数を覚悟して、失敗（育成できない）も覚悟してまめに指名し続ける。そういう球団が長い目で見れば上位にいることが多いのである。

昨年版で「凡事徹底」できる松原聖弥を取り上げたが、序盤の不振から立ち直れず、成績は135試合→50、118安打→8、盗塁15→2と急降下した。背番号は9から再び59に戻り、再スタートを切る。出身校、明星大の後輩、松井颯《はやて》（育成1位）が入団するので、これをいいきっかけにして、模範を見せてほしい。

ピッチングスタッフ分析

高校卒の1位指名が統一ドラフト以降ゼロ人

昨年2年ぶりの2ケタ勝利（10勝7敗、防御率3・12）を挙げた菅野智之。改めて過去10年の成績を見ているのだが、10年間で2ケタに届かなかったのは2シーズンだけ。16年は9勝6敗、防御率2・01で最優秀防御率と最多奪三振（189）を獲って、沢村賞の候補にも挙がっていた。もしここで獲っていれば18年まで3年連続沢村賞を受賞していたことになる（沢村賞の連続受賞の最長記録は金田正一の56～58年）。

今季34歳になるので急激な衰えが心配されるが、元々力で押すパワー系ではないので、心配はいらないと思う。与死球数を見ると20年以降7→7→6と推移している。被本塁打が過去2年、15→15と多いのも考え合わせると、打者を攻めた結果、本塁打と死球が増えたと結論づけられる。

エースの周囲に若手が続々と結集しているように見える（左記は昨年の成績）。

戸郷翔征（18年6位）25試合　12勝8敗　防御率2・62
赤星優志（21年3位）31試合　5勝5敗5ホールド　防御率4・04
山﨑伊織（20年2位）20試合　5勝5敗1ホールド　防御率3・14

ピッチングスタッフ			
［先発］	［中継ぎ］	［抑え］	［その他］
菅野　智之	平内　龍太	大勢	菊地　大稀
戸郷　翔征	＊高梨　雄平		＊グリフィン
山﨑　伊織	＊今村　信貴		船迫　大雅
＊メンデス	＊山田　龍聖		＊髙橋　優貴
＊井上　温大	ロペス		＊今村　信貴
ビーディ	畠　世周		赤星　優志

＊は左投げ

平内龍太（20年1位）　53試合　4勝4敗13ホールド　防御率4・32

一軍で挙げた成績を見ると、このあたりが次代を担う主戦候補なのだが、ここにも高校卒が少ない。WBCの日本代表に選出された戸郷翔征が名を連ねるだけで、上位指名の少なさも気になる。

20、21年のドラフトで指名した高校生投手は21年4位石田《いした》隼《はや》都《と》、6位代木《しろき》大和《やまと》、7位花田侑樹だけ。19年に堀田賢慎（青森山田高）を1位で指名し、ここまで通算2勝3敗。堀田の低調が高校生投手の上位指名にブレーキをかけていると思っていたが、統一ドラフトになった08年以降、1、2位で指名された高校生は非常に少ない。

宮本武文（08年2位　倉敷高）
宮國椋丞《りょうすけ》（10年2位　糸満高）
今村信貴（11年2位　太成学院大高）　※高木京介（11年4位　国学院大）

※田口麗斗（13年3位　広島新庄高）
※中川皓太（15年7位　東海大）
※戸郷翔征（18年6位　聖心ウルスラ高）
※平内龍太（20年1位　亜細亜大）　山﨑伊織（20年2位　東海大）
※大勢（21年1位　関西国際大）　※赤星優志（21年3位　日本大）

08〜21年までの13年間、1位で指名した高校生投手はゼロ。2位ですら3人だけで、成功した高校卒は今のところ戸郷とヤクルトに移籍した田口だけ。2人とも下位指名なので、偉いのはスカウトではなく本人である。ちなみに※印は「高校卒でない選手、または高校卒であっても上位指名でない選手」という意味である。

こういう勇気のないドラフトがチームを沈滞させている最大の原因である。そして22年ドラフトでは1位で高校生野手の浅野を指名したが（高校生野手の1位指名は14年の岡本和真以来8年ぶり）、高校生投手の上位指名はいなかった。

現在、ファームの新球場がよみうりランドに隣接する場所に作られる予定で、「国内初の水族館と一体型のボールパーク」と話題になっているが、施設面より、そこでプレーする選手にもう少し神経を配ってほしい。

ドラフト分析 松井秀喜以来の甲子園のスター野手が1位で入団

1位浅野翔吾（高松商高・外野手）は22年夏の甲子園大会で一躍高校生野手の頂点に立った。まず初戦の佐久長聖高戦で度肝を抜かれた。2死走者なしの5回表、ボールカウント3ボール2ストライクの場面で134キロの外寄りストレートを右中間スタンドに放り込んだ。このときの風向きは右から左に吹く浜風。ライト方向は逆風だったのだ。続く第4打席は無死一塁でボールカウントは2－2。今度は112キロの真ん中高めのスライダーをレフトスタンドへ弾丸ライナーで放り込んだ。ほとんど無風の中だ。

3回戦の九州国際大付高戦も1番・中堅手で出場、1回裏二塁に内野安打を放ち、このときの一塁到達タイムが右打者としては速い4・36秒。公式報道のようになっている50m走5・9秒が信憑性を帯びてきた。

準々決勝の近江高戦は大会屈指の好投手、山田陽翔《はると》（西武5位）に対し、第1打席が133キロのスライダーをレフト方向にヒット、と思った打球を二塁打にし、このときの一塁通過タイムが4・37秒。第2打席が0対2で迎えた3回表、1死一塁の場面で3球目の146キロをセンターバックスクリーンに放り込む同点ホームラン。そして第3打席が1

38キロのシュートをレフト前ヒット、1死一、二塁で迎えた7回表が申告敬遠、という具合に1点差で敗れはしたが超高校級右腕のプライドをずたずたにした。

この浅野の活躍を後押ししたのがイチロー（マリナーズ会長付特別補佐インストラクター）。21年12月12日、智弁和歌山高、国学院久我山高、千葉明徳高に引き続き直接指導のため高松商高を訪れ、貴重な金言を残した。イチローはフリーバッティングでの打席で「これはもうバテてきている」と弱音を吐いたあと、「でも、ここから形を崩さずに振る練習が大事。疲れたからと言って楽な形にならない。すごく大事なこと」と言ったしばらくあとにライトの柵を越える特大の一発を放つ。

キャッチボールも2人で行い、全力投球の球を受けた浅野は「軽く投げて全部胸に強い球がきていた。見たことないです」と感嘆。イチローは強い球がきたほうが次のプレーに移行しやすいと説明、「数は投げなくていい、1日に10球でも5球でもその意識を必ず持って」と念を押す。こういう目を見て伝えられた金言は、浅野に大きな力を与えたと思う。2、3年後の戦力だが、将来の巨人の屋台骨を背負う逸材を原監督はどのようなプランで育てるつもりだろうか。

2位萩尾匡也《まさや》（慶應大・外野手）は3年秋まで安打15、本塁打1、打点7しか打っていないが、4年春にリーグ7位の打率・339（安打20）を残し、本塁打5、打点17はリーグ

1位だった。第5週の法政大戦までは1番が定位置だったが、明治大戦から4番に座り、早慶戦の2試合で2本のホームランを放ち、二冠と満票で初のベストナインにも選出されている。4年秋はさらに迫力を増し、打率4割、本塁打4、打点17で戦後16人目の三冠王に輝いている。ちなみに盗塁5は明治大の飯森太慈《たいじ》の9、村松開人《かいと》（中日2位）の6に次ぐ、リーグ3位の多さである。

180センチ、85キロのごつい体形でありながら、3年秋の明治神宮大会では1番打者として出場、東農大北海道オホーツク戦での一塁到達タイムは二塁ゴロのときが4・29秒、バントのときが3・96秒、決勝の中央学院大戦（2番）ではセンター前ヒットのとき4・35秒で到達している。バットでは無死一塁の第1打席で相手先発のストレートをレフトスタンドに放り込んでいる。

大久保秀昭氏（現ENEOS監督）が慶大野球部の指揮官に就任した15年以降、それまでの〝慶應ボーイ〟タイプと異なる山本泰寛（15年巨人5位）、柳町達《たつる》（19年ソフトバンク5位）、木澤尚文（20年ヤクルト1位）、正木智也（21年ソフトバンク2位）、渡部遼人（21年オリックス4位）など職人肌が輩出されてきた。20年には前年までドラフト上位候補と言われていた佐藤宏樹（投手）がソフトバンクの育成1位で指名されている。プロ野球界にしっかり足場を築いて生き抜こうと考える慶大生が増えたのだろう。萩尾もその系譜に連なる。

3位田中千晴（国学院大・投手）は東都大学リーグに通算12試合しか登板していない。通算成績は2勝2敗。この2勝は4年秋に挙げたもので、それまでは勝ち星ゼロ。その程度の実績しかなくても4年春の亜細亜大戦で見た田中は鮮烈だった。私は選手を評価の高いほうから☆、⦿、◎、○としているが、2番手で登板した田中の評価は☆である。

4回にリリーフし、いきなり3者三振。8回途中で降板するまで4回3分の2を2安打、自責点3という結果だった。ストレートは最速150キロを計測し（自己最速は153キロ）、140キロ前後のフォークボールは落差の大きい必殺球だが、投げる球はストレートが多い。経験値の低さは大いに不安だが、この試合で見た底知れない大物感のほうに惹かれる。

4位門脇誠《まこと》（創価大・遊撃手）は1年春からレギュラーに定着し3年秋に首位打者と打点王、4年秋に首位打者を獲得、ベストナインには5度選出されているリーグのスター選手。3年秋と4年秋には打率が4割を超え、ヒットも19本、21本を記録する安打製造機だ。

現在の巨人の内野陣はベテランと中堅層の多さが目立つ。そういう意味ではチャンスなのだが、この安定感十分な内野陣を突き破るためにはバッティングが物足りない。ボールを捉えにいくときのステップが淡白なのだ。坂本勇人やその後継候補をめざす廣岡大志、中山礼都《らいと》、湯浅大《だい》、北村拓己たちと俺は違うんだ、という明確な差別化を図るためには定評のある守備と走塁をアピールするのが早道。

物足りないバッティングは、逆方向やピッチャー返しを徹底し、アマチュア時代の非力さを克服した宮本慎也（元ヤクルト）、源田壮亮（西武）、上川端大悟《かみかわばただいご》（日本ハム）の例もある。何かワンテーマを見つけ出して、取り組んでほしい。

5位船迫大雅《ふなばさまひろまさ》（西濃運輸・投手）は21年11月28日の都市対抗1回戦、日本製鉄かずさマジック戦を見て驚かされた。当時25歳の年齢はドラフトを待つ選手としてはややトウが立っているかと思ったが（翌年のドラフト時には26歳）、ボールを見て年齢の懸念は吹き飛んだ。サイドスローから繰り出されるストレートが見たことのないような伸びでキャッチャーミットに飛び込んでいくのだ。

この試合で計測したストレートの最速は150キロ。しかし球速以上にボールの回転数が凄かった。記者席のモニターに映し出された回転数の最多は2790rpm。日本製鉄かずさマジックの先発、山本晃希も150キロを計測するストレートを投げていたが、私が確認した回転数の最多は2529rpm。船迫はコンスタントに2600〜2700を記録していた。回転数より回転軸のほうが大切、とはよく言われるが、船迫のストレートは本当によく伸びるので私は回転数の多さがもたらす脅威を信じる。5回投げて3安打、0四死球、8三振、失点1も悪くない。1年目から一軍で勝負できる。

広島東洋カープ

坂倉将吾

ドラフト指名に垣間見える球団の「危機管理」能力

年	シーズン順位	交流戦順位	観客動員数
2018	1位	10位	223万2100人(4位)
2019	4位	12位	222万3619人(6位)
2020	5位	—	53万7857人(1位)
2021	4位	12位	97万6306人(1位)
2022	5位	12位	196万8991人(4位)

*( )は12球団中の順位

選手の年齢構成（広島）

年齢	投手	捕手	一塁手	二塁手	三塁手	遊撃手	外野手
19	斉藤優汰	清水叶人			内田湘大		
20	小林樹斗	髙木翔斗					田村俊介
21							
22	玉村昇悟 河野佳	持丸泰輝				韮澤雄也	
23				羽月隆太郎	林晃汰	小園海斗	久保修
24	遠藤淳志 藤井黎來 大道温貴 黒原拓未 松本竜也						中村奨成
25	高橋昂也 アドゥワ誠 森浦大輔 森翔平 益田武尚 長谷部銀次	石原貴規	坂倉将吾			矢野雅哉	
26	塹江敦哉 森下暢仁						宇草孔基 中村健人
27	島内颯太郎 栗林良吏						末包昇大 大盛穂
28	床田寛樹 ケムナ誠 中村祐太 コルニエル				曽根海成		
29	矢崎拓也 アンダーソン						西川龍馬
30	岡田明丈				三好匠		野間峻祥
31	中﨑翔太 薮田和樹 戸根千明	磯村嘉孝	マクブルーム				
32	九里亜蓮 大瀬良大地 一岡竜司		堂林翔太		デビッドソン		
33				菊池涼介	上本崇司		
34	野村祐輔 ターリー					田中広輔	
35～		會澤翼					秋山翔吾 松山竜平

［註］ポジションは22年の一、二軍の守備成績を参考

高校生主体のドラフトができたのは有望な投打の若手がいたから

昨年のチーム成績、66勝74敗、勝率・471はよくないが、細かく見ていくと何で5位にいるのかと思う。得点552（リーグ2位）、失点544（4位）で得失点差は＋8なのだ。他球団は、1位ヤクルト＋53、2位DeNA－37、3位阪神＋61、4位巨人－41、6位中日－81。さらに見ていくと、チーム打率・257（1位）、防御率3・54（5位）で本塁打91（4位、1位のヤクルトは174）、盗塁26（6位、1位の阪神は110）、ホールド105（6位）、投手の起用人数591（6位、1位の巨人は635）。少しずつ戦略のなさのようなものがあぶり出されてくる。たとえばファームで好成績を挙げている小林樹斗《たつと》や森翔平などはもっと多く一軍戦を経験させればいいのに、と思う。

盗塁の少なさは極端だ。21年は68個で3位だったので激減である。セ・パで比較するとパ・リーグの532に対してセ・リーグは384。19年まで107盗塁していた菊池涼介が過去3年間で6個しかしていない（盗塁企図数16回、成功率・375）のは下位に低迷するチームを象徴している。リーグ3連覇した最終年（18年）はチーム盗塁数95がリーグ1位だった。個人では菊池10、田中広輔32、野間峻祥17、丸佳浩（現巨人）10の4人が2ケタを記録。それが昨年は菊池が2、途中入団した秋山翔吾が44試合に出場して盗塁ゼロ（失敗もゼロ）。小園海斗は通算記録が7で失敗が6という走らなさ。メジャーリーグでは一般に成功率7割の盗塁を「3割も失敗する戦術は有効ではない」と軽視するが、日本ではチームを勢いづける戦術と捉え、1番打者には盗塁ができる俊足を置くのが一般的である。

投手成績ではホールドと起用人数の少なさが中継ぎ陣の停滞を象徴。ファームで成績を残している若手の小林樹斗（4勝0敗、防御率2・70）が一軍では1試合、森翔平（4勝3敗、防御率2・75）が一軍で8試合だった。故障で離脱した選手は仕方ないが、元気な若手は優勝争いをしているわけでもないのでもっと一軍を経験させてほしい。

ひと通り悪口を言ったが、今ドラフトで1、2（、4）位の高順位で高校生を指名しているのは即戦力を必要としないチーム事情を反映している。

野手は一軍戦力の坂倉将吾、小園、ファーム組の中村奨成、韮澤《にらさわ》雄也、林晃汰が25歳以下、投手もこの世代に森浦大輔、森翔平、高橋昂也《こうや》、アドゥア誠、玉村昇悟、小林、遠藤淳志が揃う。チーム全体で見ると野手は3、4番以外のバイプレーヤーは揃っている。足りないのは塁上にいる走者を迎え入れる主軸である。外国人ではマクブルームが昨年は打率・272（安打122）、本塁打17、打点74を残し、十分〝助っ人〟の役割を果たした。もう1人、その役割を果たせそうなのが坂倉である。

昨年は打率・288（安打155）、本塁打16、打点68を挙げ、OPS・773は明日の主砲を期待していい数字だ。今季は捕手専任で臨むと伝えられるが、現在の球界で打てる捕手は西武からオリックスに移籍した森友哉だけ。過去には野村克也（南海）、古田敦也（ヤクルト）、城島健司（ダイエーなど）、阿部慎之助（巨人）という名捕手がいて、彼らがいたチームは強かった。打てる捕手はチーム成績に直結しているのだ。ちなみに、森が首位打者を獲った19年は西武がリーグ優勝を飾っている（CSのファイナルステージを勝ち上がったのはソフトバンク）。

小園、林に30本以上のホームランを望むのは厳しそうなのは球団も理解しているのだろう。ドラフト2位で内田湘大《しょうだい》というスラッガータイプを指名している。詳しくはドラフト分析に書くが、高校通算36本塁打、投手としては最速149キロを計測する二刀流というところは現在カブスに所属する鈴木誠也と重なる。ドラフト2位も同じ指名順位だ。

内田が鈴木のような活躍ができるか、ではなく、球団が鈴木2世を求める問題意識を持っていることが重要なのである。鈴木がドラフト2位で指名された12年の広島の打撃成績は打率・233（5位）、本塁打76（3位）と低調だった。このときは1位も高橋大樹（龍谷大平安高）という高校生野手。球団の問題意識の持ち方、言い換えれば危機管理能力の高さがわかるだろう。

スタメン分析

捕手専業で首位打者に輝いた森友哉の再現を

昨年は交流戦直前の5月22日時点で、25勝19敗で3位につけていた。首位ヤクルトに1・5ゲーム差、2位巨人には0・5ゲーム差で、4位の中日には5ゲーム差をつけていた。それが交流戦の終わった6月12日時点はというと、6の貯金が2の借金に変わり、3位は変わらないが30勝32敗で、首位ヤクルトに10・5ゲーム差をつけられていた。

交流戦を総括した日刊スポーツ紙の「交流戦個人打撃成績」(20傑)には西武、ロッテとともに1人も名前が載っていない。チーム成績は5勝13敗で最下位。チーム打率・217も最下位で本塁打2、盗塁2も最下位。本塁打の1位はヤクルトの24本で、盗塁の1位は阪神の19。ちなみにチーム防御率4・38も最下位で4点台は巨人(4・10)と2球団だけ。

交流戦の成績を見返すと、その年にリーグ優勝した球団が下位に沈むことは少ない。

06年のパ王者・日本ハムが7位、08年の日本一・西武が11位、10年セ王者・中日が9位、15年セ王者・ヤクルトが8位、18年セ王者・広島が10位、22年日本一・オリックスが9位、だけが7位以下に沈んでいる。過去17年間で(20年は新型コロナウイルスの影響で中止)7位以下に落ちたのは6球団。つまり、セ・パ交流戦は地力を測る格好の目安になるということと。そこから、現在の広島は〝地力〟がないと判断してもいい。

チームに地力を増すためには野手は走攻守の3要素のうち、「攻」に力点を置いたチームを作ることだと思う。昨年は一塁55試合、三塁119試合、捕手22試合を守った坂倉将吾を捕手に専念させることはいいと思う。

打撃面では143試合にフル出場し、打率・288（安打155）、本塁打16、打点68を残した。守備に負担がかかる捕手専業で打撃に悪影響がないか不安になるが、19年にパ・リーグの首位打者に輝いた森友哉（当時西武）は捕手として128試合に出場している。

スタメン候補

	［スタメン］	［控え］
捕	＊坂倉　将吾	會澤　　翼
		石原　貴規
一	マクブルーム	＊松山　竜平
二	菊池　涼介	＊羽月隆太郎
三	デビッドソン	＊林　　晃汰
遊	＊小園　海斗	＊矢野　雅哉
左	＊西川　龍馬	堂林　翔太
		中村　健人
中	＊秋山　翔吾	＊大盛　　穂
右	＊野間　峻祥	末包　昇大

＊は左打ち

森は守りを不安視され18年に捕手として出場したのはたった81試合。守りの負担が5割増した翌年に森は打率・329（安打162）、本塁打23、打点105で初の首位打者に輝くのである。

坂倉が守っていた一塁と三塁には外国人が入る予定で、彼らが働かなければBクラス、活躍すればAクラスはおろか優勝争いも可能というのが客観的な評価である。外国人の1人、マクブルームは昨年も在籍していた選手で打率・272、安打122、本塁打17、打点74を記録しているので計算できる。

問題は新外国人、デビッドソンのほう。ホワイトソックスに在籍していた17、18年に20本以上の本塁打を打っているので実績は十分。

17年　打率・220　安打91　本塁打26　打点68　三振165
18年　打率・228　安打99　本塁打20　打点62　三振165

不安は振幅の大きいバッティングフォームだ。打つ直前にバットが下がるヒッチがあり、足を上げる動きも大きく速い。一発はあるが安定してヒットを打てるタイプでないことは一目瞭然。三振の多さを見れば納得できる。マクブルームが正反対のタイプなので、守備で大崩れしない、本塁打が20本以上打てる、という2つの条件をクリアできれば合格点を与えられるが、もし見込みがなければ早い段階で林晃汰の起用に切り替えてほしい。

林は昨年、一軍の出場はなかったが、21年には102試合に出場して打率・266、安打95、本塁打10、打点40を記録した有望株である。昨年のチーム本塁打91はリーグ4位だったが、チーム打率・257は同1位。チームに足りない長打力を備えている23歳の若手を使わない手はない。

ピッチングスタッフ分析

左腕、床田寛樹を軸にした地力のある編成を

高校生投手を1位で指名しないのは巨人だけではない。広島も08年の統一ドラフト以降、09年の今村猛《たける》と22年の斉藤優汰しか指名していないのだ。2位も中田廉（08年）、高橋昂也（16年）、山口翔（17年）の3人だけ。06年の高校生ドラフトでは前田健太（ツインズ）を指名しているのに、そういう成功例には見向きもせず、ひたすら大学生と社会人の即戦力候補に向かっていったのが08年以降の指名戦略である。

〝地力〟という言葉を前で使ったが、高校卒の本格派がローテーションの中にいないチームの投手陣は〝地力〟がないと思う。逆にリリーフは大学卒と社会人出身が力を発揮する。歴代セーブ記録を見れば一目瞭然だ。

1位岩瀬仁紀《ひとき》407セーブ（NTT東海）、2位高津臣吾286セーブ（亜細亜大）、3位佐々木主浩252セーブ（東北福祉大）、4位藤川球児243セーブ（高知商高）、5位サファテ234セーブ、6位小林雅英《まさひで》228セーブ（東京ガス）、7位平野佳寿213セーブ（京都産業大）、8位山﨑康晃207セーブ（亜細亜大）、9位松井裕樹197セーブ（桐光学園高）、10位江夏豊193セーブ（大阪学院大高）

10人中、大学卒、社会人出身は6人（10人中1人は外国人）。東京六大学野球など一部のリーグ戦を除く大学野球は、負け続けたら2部以下の下部リーグに転落するので、東都大学リーグの監督などは優勝より1部残留を目標に置くこともある。社会人野球も一戦必勝のトーナメント戦で頂上をめざしている。こういう「負けたら終わり」の環境が、リリーフ投手としての完成度を磨いていく。

甲子園大会などの高校野球もトーナメント戦だが、ここを3年間で通過すればプロ野球は「負けても終わらない」リーグ戦で頂上が争われる。一戦必勝の環境をいかに早く通り過ぎるか、次に紹介する歴代通算勝ち星の顔ぶれを見ればおわかりいただけると思う。

1位金田正一400勝（享栄商高中退）、2位米田哲也350勝（境高）、3位小山正明320勝（高砂高）、4位鈴木啓示317勝（育英高）、5位別所毅彦《たけひこ》310勝（滝川中）、6位スタルヒン303勝（旭川中中退）、7位山田久志284勝（富士鉄釜石）、8位稲尾和久276勝（別府緑丘高）、9位梶本隆夫254勝（多治見工高）、10位東尾修（箕島高）251勝

10人のうち山田を除く9人が高校卒（中退）である。極端なことを言えばチームの勝利より自分の勝ち星を優先する先発タイプが高校卒、チームの勝利を最優先するリリーフタイプが大学卒、社会人出身という法則は歴代の通算成績を見ればよくわかる。それには目

ピッチングスタッフ			
[先発]	[中継ぎ]	[抑え]	[その他]
大瀬良大地	＊森浦　大輔	栗林　良吏	益田　武尚
森下　暢仁	九里　亜蓮		小林　樹斗
＊床田　寛樹	ケムナ　誠		＊高橋　昂也
大道　温貴	＊塹江　敦哉		薮田　和樹
遠藤　淳志	＊ターリー		＊玉村　昇悟
アンダーソン	島内颯太郎		中﨑　翔太

＊は左投げ

もくれずリリーフタイプばかり上位で指名しているのが巨人や広島なのである。

そうは言っても在籍している選手で戦わなければいけない。先発組で被安打数がイニング数を下回っているのは床田寛樹だけ。114回投げて被安打は87。1イニングに何人の走者を出したかを表す数値、WHIPは1を切れば一流と言われるが昨年の床田は1・01。大瀬良大地1・35、森下暢仁《まさと》1・34とくらべても大きな差がある。100イニング超えで床田と同数値か上回っているのは今永昇太（DeNA）0・94、青柳晃洋（阪神）0・97、伊藤将司（阪神）1・03、髙橋宏斗（中日）1・04、大野雄大（中日）1・04だけだ。

リリーフ陣は守護神の栗林良吏《りょうじ》が2年連続で30セーブ超え（37→31）を記録、WHIPも0・77とまったく不安要素がない。ファームでは数少ない高校卒の本格派、小林樹斗が46・2回投げ被安打35、防御率2・70が目立つ。このレベルの投手がどうして一軍で1イニングしか投げていないのかわからない。

ドラフト分析

2位内田湘人に鈴木誠也2世の声が

1位斉藤優汰（苫小牧中央高・投手）は高校3年夏の南北海道大会で準決勝まで進んで話題になった。ストレートの最速は高校3年春に計測した151キロ。内回旋でテークバックまで向かい、腕を前に振ってからはボールの向かう方向に体が前に乗っていくのが素晴らしい。投球フォームで見る限りコントロールは安定しているはずだ。

さらにボールを放すリリースの感覚がいい。放す瞬間、ボールを指で潰しているのだ。ボールが滑って上に抜けていくのでなく、打者の膝下あたりをめがけて飛び込んでいく感覚、まさにプロの球筋をすでに持っている。道内に門別啓人（東海大札幌高→阪神2位）、坂本拓己（知内高→ヤクルト4位）というライバルがいて、切磋琢磨できた環境がよかったのだろう。

ちなみに苫小牧中央高校は春、夏の甲子園大会出場経験がなく、2位内田湘大の在籍した利根商業高、3位益田武尚《たけひさ》の出身校、福岡県立嘉穂高も甲子園大会出場がない。これはドラフト史上でも珍しいと思う。

2位内田湘大は今年の指名選手の中では最もバットを強く振れる高校生だ。投手としても最速149キロを計測する本格派だが、12月27日に配信されたデイリースポーツには「カープでは野手だけと言われたのでフルスイングしていきたいです」とコメントが紹介されている。

高校時代のポジションは一塁だが、50m走6・3秒、遠投120メートルとドラフト後のスポーツ紙に紹介されているので運動能力の高さがわかる。バッティングは地元の放送局、群馬テレビがドラフト前、22年夏の群馬大会3回戦、新田暁高戦で放ったホームランを紹介、そのフルスイングはテレビ画面で見ても圧倒的だった。

プロでは三塁に挑戦する予定。今季、新外国人のデビッドソンが就くポジションだが、MLBでプレーしていた外国人であっても力は未知数。期待外れの場合は21年に95本のヒットを放った林晃汰が入ると思うが、22年は一軍に出場していないので不透明。つまりは弱いポジションである。内田が目標とする鈴木誠也は3年目に58安打、5本塁打を記録しているので、それくらいのペースで慣れていってほしい。大変な数字を軽々しく言っているが、内田にはその数字を残す可能性がある。

3位益田武尚（東京ガス・投手）は北九州市立大の頃から、有力なドラフト候補だった。社会人1年目（21年）の都市対抗1回戦、ミキハウス戦では先発して5回を投げ2失点は普通だが、ストレートの最速は153キロを計測、チェンジアップ、カーブ、スライダーのキレがよく、大学時代の高評価に納得した。ゲーム序盤に目立ったミキハウス打線の早打ちは戦略というより益田に打たされた印象が強い。そのくらい、ストライクで押していった。スピード差をつける110キロ台の変化球がほしいなというのが数少ない注文で、ストレートの回転数は私が確認した限りでは2551が最多だった。これは評価できる数字。

2年目の都市対抗は1回戦のJR東海戦に先発して被安打5、与四球2の完封劇で船出を切った。準々決勝のJR東日本戦は先発して5回3分の1を投げ、5回まで1安打も6回に3失点で降板した。決勝のENEOS戦も同様に先発して5回まで被安打4の無失点も6回に4失点を重ね、優勝を逃した。初戦以降は打者が三巡してから崩れることが多かったが、2年連続決勝進出に貢献した安定感が評価され、敢闘賞に相当する久慈賞を受賞した。これから先は先発かリリーフかの二者択一を迫られる。緩い変化球がほしいが持ち球の豊富さやコントロールの安定感を見ても先発向きだと思う。

4位清水叶人《かなと》（健大高崎高・捕手）はイニング間の二塁送球が1・8秒台を計測する強肩捕手だ。22年春の関東大会1回戦、桐光学園高戦では私が計測した6本中、5本が2秒を切り、2つが1・87秒、1・89秒だった。捕球する前から一塁側に体勢を移し、投げやすい形を作るのは実戦ではできないが、イニング間でこれだけ速いタイムを見せられたら、相手チームは盗塁を企図できない。
　左打席に立つ打撃はチーム全体で取り組んでいるフルスイングに特徴がある。この試合では4打数ノーヒットに終わり、すべての打球が外野フライだった。打ちにいく直前、バットのヘッドが一、二塁間方向に入るので、速球派のストレートには差し込まれやすい。こういう〝打ち気が強すぎる〟悪癖が改善されれば、スイングの強さが長所に変わっていくだろう。

5位河野《かわの》佳《けい》（大阪ガス・投手）は広陵高のときから評判になっていた本格派だ。ドラフトのあと指名を拒否するのではという憶測が囁かれたのは、それだけ前評判が高かったからだ。ストレートの最速は22年日本選手権1回戦、東京ガス戦で計測された151キロ。2番手でリリーフして3回3分の1を1失点に抑えた試合だ。21年の日本選手権では完封1を含む通算19回を無失点に抑える好投でMVPに選出されている。光ったのは準決勝、決勝のリリーフ。2回を1安打、0安打に抑え、チームの2連覇を引き寄せた。
　変化球はカットボール、スライダー、カーブ、フォークボール、チェンジアップを備え、最も評価されているのがカットボールだが、ストレートの比率が高く、空振りも取れる。先発での実績は見逃せないが、広島に不足しているのはリリーフ。抑えの栗林良吏に似た体格とストレートの力感はリリーフの適性を予感させる。

6位長谷部銀次（トヨタ自動車・投手）は体ごと押し込んでいくようなストレートが最大の持ち味。22年都市対抗は2回戦のＨｏｎｄａ熊本戦が2番手で０・2回、準々決勝のＴＤＫ戦が2番手で０・2回、準決勝の東京ガス戦が4番手で0回（打者3人に対し1安打、2四球）、日本選手権が1回戦のＴＤＫ戦が2番手で０・1回、準決勝のＥＮＥＯＳ戦が2番手で０・２回という起用法だった。プロでもこの起用法は同じで、中盤から後半の勝負どころで左打者に対するワンポイント、ツーポイントでの起用が有力。

ストレートの最速は１５０キロで持ち球はスライダー、カーブ、カットボール、フォークボール。ストレートは表示された数字より速く見えるのは勢い込んで投げる投球フォームや、投げるたびに雄叫びをあげる攻撃的スタイルが打者を翻弄するからだろう。面白いピッチャーだ。

7位久保修《しゅう》（大阪観光大・外野手）は近畿学生野球1部リーグ、秋のリーグ戦で3位だった大阪観光大学の選手だ。同大学のホームページを覗くとツイッター画面で久保が「目標とする鈴木誠也選手のように～」と挨拶する姿が見られる。

同大学での打順は1番・センター。ドラフト前の日刊スポーツ紙には「遠投１２０メートルで50メートル走5秒9」と紹介され、「鬼肩」という言葉も見られる。

中日ドラゴンズ

岡林勇希

今こそ「古臭い価値観」からの脱却をはかるべき

年	シーズン順位	交流戦順位	観客動員数
2018	5位	9位	214万6406人(5位)
2019	5位	8位	228万5333人(4位)
2020	3位	—	37万8006人(7位)
2021	5位	4位	59万3791人(9位)
2022	6位	11位	180万7619人(5位)

＊(　)は12球団中の順位

選手の年齢構成（中日）

年齢	投手	捕手	一塁手	二塁手	三塁手	遊撃手	外野手
18・19	森山暁生	山浅龍之介					
20		味谷大誠				星野真生	
21	髙橋宏斗 福島章太 上田洸太朗			龍空			岡林勇希
22	仲地礼亜			村松開人	石川昂弥		
23	根尾昂 山本拓実	石橋康太				濱将乃介 田中幹也	伊藤康祐
24	清水達也			髙松渡			ブライト健太 鵜飼航丞 福元悠真
25	藤嶋健人 橋本侑樹 森博人 近藤廉				石垣雅海		細川成也
26	小笠原慎之介 鈴木博志 勝野昌慶 ロドリゲス 石森大誠	郡司裕也					三好大倫
27	マルティネス 梅津晃大			福永裕基			
28	砂田毅樹						
29	柳裕也 岡野祐一郎			溝脇隼人	高橋周平		アキーノ
30							後藤駿太
31	福敬登	加藤匠馬			カリステ		
32	岡田俊哉 福谷浩司	木下拓哉					加藤翔平
33	松葉貴大						
34	田島慎二		ビシエド				アルモンテ
35〜	大野雄大 祖父江大輔 谷元圭介 涌井秀章	大野奨太		堂上直倫			福田永将 大島洋平

[註]ポジションは22年の一、二軍の守備成績を参考

旧来の日本的な価値観を引きずっている時代遅れの球団

ネットではしばしば「弱い中日を再生する」みたいな記事を目にする。「再生」と言うからには将来を託す若手の名前を出してポジションを予想するのが普通だが、新外国人のアキーノや出戻り外国人（そう書かれている）のアルモンテの活躍を予想し、その代償で優良外国人、ビシエドの長打不足を大げさに煽り、レギュラー陥落を匂わせたりする。

こういう記事が出回るのは若手野手が順調に育っていないからだ。成長が期待されている若手の代表は石川昂弥《たかや》（19年1位）、根尾昂（18年1位）のことで、2人の高校卒同期の成績も紹介すると次のようになる（昨年の一軍成績、寸評なしはほぼレギュラー）。

◇18年組
小幡竜平（阪神2位）49試合　打率・188　安打13……今季遊撃のレギュラー候補
藤原恭大（ロッテ1位）49試合　打率・209　安打24……定位置獲得が期待される
山口航輝（ロッテ4位）102試合　打率・237　安打76　本塁打16　打点57
太田椋（オリックス1位）32試合　打率・196　安打18……日本シリーズで打率4割
野村佑希（日本ハム2位）93試合　打率・279　安打97　本塁打6

万波中正（日本ハム4位）100試合　打率・203　本塁打14　打点40……定位置近し
増田陸（巨人2位）69試合　打率・250　安打35……昨年初めて一軍に出場
小園海斗（広島1位）127試合　打率・266　安打126　本塁打7　打点38
◇19年組
長岡秀樹（ヤクルト5位）139試合　打率・241　安打123　本塁打9　打点48
紅林弘太郎（オリックス2位）130試合　打率・224　安打101　本塁打6　打点32
岡林勇希（中日5位）142試合　打率・291　安打161　盗塁24　打点32
森敬斗（DeNA1位）61試合　打率・234　安打36　盗塁5　打点6……1番候補

山口、野村、小園、長岡、紅林、岡林はレギュラーをほぼ手にしたと思うが、あとの6人はまだあがいている状態。高校卒野手は出来上がるまでに時間がかかる。根尾などはこれから本格化できる年齢で、これまで成長期を迎えていなかっただけ。それがいきなりの投手転向。近年、これほど球団に絶望したことはないし、担当スカウトは泣いているだろう。

さらにこの根尾のレギュラー定着を阻止していた京田陽太、阿部寿樹が次々にトレードに出されて、獲得したのはベテラン投手の砂田毅樹（DeNA）と涌井秀章（楽天）。これが根尾のショート定着を促す狙いなら納得できたが、すでに投手転向済みだった。

「ドラフトでは即戦力候補の内野手、村松開人《かいと》（明治大2位）、田中幹也（亜細亜大6位）、福永裕基（日本新薬7位）を獲っていますから」そういう反論が聞こえてきそうだが、私が一番嫌いなのは「即戦力」という言葉。耳に快い響きに多くの球団はこれまで貴重な上位枠を無駄遣いしてきたが、そうならないよう心から期待している。

トレードで放出した阿部は30歳になる19年に前年の5安打から130安打に伸ばした遅咲きで、19年以降の4年間で414安打を放ち、昨年も打率・270、安打131を記録している。それに対して獲得した涌井の昨年の成績は10試合に登板して4勝3敗、防御率は3・54で、年齢は今季37歳になる。

昨年のチーム成績を振り返るとチーム打率はリーグ4位、同本塁打62は圧倒的最下位（1位のヤクルトは174本）で、対するチーム防御率3・28は同2位。どう考えても足りないのは攻撃力なのに、まるっきり反対のことをしている。根尾のコンバート、阿部、京田の放出、そして37歳になる涌井と昨年15試合に登板して勝ち負け、セーブ、ホールドなしの砂田の獲得。「即戦力」とともに私が嫌いな言葉は「投手優先」。今の立浪ドラゴンズを一言で評するなら、「古くさい日本球界の価値観を引きずっている時代遅れの球団」。私は18年の根尾、19年の石川の1位指名を絶賛したと思うが、今それらの言葉をすべて取り消したいと思っている。

スタメン分析

ポイントゲッターは相変わらず外国人頼り

しっかり固定されているポジションとまったく未定のポジションがはっきり分かれている。捕手、一塁、外野の3ポジションは決まっていると言ってもいい。それ以外の二塁、三塁、遊撃が未定。そこを強化しようとドラフトでは2位村松開人（明治大）、5位濱将《はましょう》乃介《のすけ》（独立リーグ、福井ネクサスエレファンツ）、6位田中幹也（亜細亜大）、7位福永裕基（日本新薬）を指名したのだが、意気込みを示したいなら、上位でずらりと揃えてほしかった。内野の各ポジションはそれくらい重要だと思う。

根尾昂の投手コンバートは大反対だが、決めた最大の要因は土田龍《りゅうく》空改め龍空（20年ドラフト3位）の成長があったから。昨年は62試合に出場、打撃成績は打率・248、安打52、盗塁3を記録し、守備位置は二塁3、遊撃59を守り、遊撃の守備率・980は普通だが、二遊間、三遊間の打球を軽快にさばき、後方の小フライにも果敢に飛び込む姿を見ると、1歳上の長岡秀樹（ヤクルト）とゴールデングラブ賞を争う将来像まで見えてくる。

昨年の7月に左膝前十字靱帯再建術を受けた石川昂弥の開幕スタメンは間に合いそうにない。術後8～10カ月かかると言われているので復活までのタイムスケジュールは5月くらいになりそうだ。

それでも早い時期に石川が三塁に入れば昨年三塁を58試合守った高橋周平の二塁コンバートが本格化し、とりあえず内野陣は計算できる。根尾を昨年の段階で投手にコンバートできたのはこの青写真がすでに出来上がっていたからだろう。

岡林勇希の22年は前年の24試合出場から１４２試合に増え、打撃成績は打率・２９１（7位）、安打１６１（1位）、本塁打０、打点32、盗塁24（2位）と本塁打、打点以外はリーグでも上位で、シーズン後にはベストナインとゴールデングラブ賞に選出された。

スタメン候補

	［スタメン］	［控え］
捕	木下　拓哉	石橋　康太
		郡司　裕也
一	ビシエド	堂上　直倫
二	＊高橋　周平	＊溝脇　隼人
三	石川　昂弥	カリステ
遊	＊龍空	＊村松　開人
		田中　幹也
左	＊岡林　勇希	細川　成也
中	＊大島　洋平	＋加藤　翔平
右	アキーノ	＋アルモンテ

＊は左打ち、＋は両打ち

岡林勇のようなチャンスメーカータイプの育成が中日は本当にうまい。現役の大島洋平、黄金時代の二遊間、荒木雅博、井端弘和……等々、それに対して強打者タイプは平田良介、堂上直倫《どのうえなおみち》、高橋周平、根尾を大成に導けず、近年のポイントゲッター和田一浩、落合博満はともに移籍組。ＮＰＢのホームページ中に「各種記録達成者一覧」があり、その中の「２００本塁打」を見ると、中日の選手は大豊泰昭《たいほうやすあき》（97年5月11日）で止まっている。在籍したことのある選手では山﨑武司（03年8月19日、オリックス時代）、福留孝介（14年4月29日、阪神時代）がいるが、少数派だ。

昨年のドラフトで野手は業師タイプの内野手だけを指名したが、そういう技巧派しか育っていない現場を見たスカウトが判断した結果だろう。それは今年以降も続いていく可能性がある。

日本人に期待できないなら外国人に頼るしかない。今年来日8年目になる優良外国人、ビシエドはここまで通算打率・292、安打926、本塁打132、打点524を残している。18年に首位打者（・348）と最多安打（178）のタイトルに輝き、ベストナインとゴールデングラブ賞には2回ずつ選出されている。

19年以降、4年続けて本塁打が10本台に落ち、打率は20年以降、3割に達していない。要するに「一流」ラインには達していないが、他球団のところでも書いているように、来日外国人の成績が低迷している昨今、昨年程度の成績（打率・294、安打142、本塁打14、打点63）なら及第点を与えられる。21年オフに3年総額11億円で契約している。

新外国人アキーノ（外野手）の長打が評判を呼んでいるが、三振も多い。ビシエドの安定感は得点力の低いチームだけにまだまだ必要だと思うのだが。

ピッチングスタッフ分析

高校卒3本柱の誕生に期待

チーム打率がリーグ4位、本塁打62本が12球団中最下位、11位の阪神が84本だったことを考えると、打てなさ具合は半端ない。しかし投手成績は12球団でもトップランク。チーム防御率3・28は12球団中5位である（リーグ2位）。

大野雄大（防御率2・46）、小笠原慎之介（同2・76）、柳裕也（同3・64）が規定投球回に達しているが、大野は4年連続、小笠原、柳は2年連続の達成である。各球団の到達者はヤクルト、DeNA、広島各1人、阪神、巨人各2人を見れば中日先発陣の安定感が理解できる。さらに今季3年目の高校卒右腕、髙橋宏斗が3月に行われるWBCの日本代表に選出されている。髙橋は昨年は116・2回なのでわずかに達していないが、6勝7敗、防御率2・47で三振はイニング数を上回る134個。内角攻めの副産物、与死球4も悪くない。

髙橋の存在はチームにとっても大きな意味がある。それは野手から投手にコンバートされた根尾（23歳）より2つ若いということ。根尾が主力だった大阪桐蔭高は18年に史上初となる同じ高校による2度目の甲子園大会春夏連覇を達成し、ドラフトでは中日、日本ハム、巨人、ヤクルトによる争奪戦まで演じられている。それが今では野手失格の烙印を押され、再スタートを切った中日投手陣には自分より2歳も若い、弱冠21歳の最速158キロ右腕が、WBCの日本代表のユニフォームに袖を通している。

これを屈辱と思わなければ根尾はその時点でプロ失格である。実力はどうだろう。昨年の5月21日の広島戦で投手転向後、初の一軍マウンドを経験し、通算25試合に登板した。

——29回　被安打23　与四球12　与死球3　奪三振22　防御率3・41

シーズン途中にいきなり投手転向を指示されたにしては悪くない数字だが、21歳の髙橋が視野に入れれば甘い言葉で自分を慰めることはできない。私が昨年の根尾を見た印象を言うと、5月29日にプロ二度目の登板をしたオリックス戦のピッチングは投手ではない。マウンドに立って何やらアウトカウントを野手に示しているが、ストレートが上ずって野手が投げているようにしか見えなかった。

投手と野手の大きな違いはステップである。たとえばイチローほどの投球力のあるプロでも、マウンドに立って打者に投げるとステップが粘れない。ポンと足を出してしまうのだ。プロ二度目の登板をした根尾のステップがそうだった。〝超高校級右腕〟と騒がれていた大阪桐蔭高時代でも、私には野手が投げているようにしか見えなかった。それでも25試合に投げ防御率が3・41だったのは、根尾の素質のよさとしか言えない。

DRAGONS
中日ドラゴンズ

ピッチングスタッフ			
［先発］	［中継ぎ］	［抑え］	［その他］
柳　裕也	清水　達也	マルティネス	＊松葉　貴大
＊小笠原慎之介	＊福　敬登		森　博人
＊大野　雄大	祖父江大輔		山本　拓実
髙橋　宏斗	勝野　昌慶		谷元　圭介
根尾　昂	藤嶋　健人		福谷　浩司
涌井　秀章	ロドリゲス		仲地　礼亜

＊は左投げ

その根尾が鳥取市のワールドウイングで自主トレをしている23年1月のテレビ映像を見て、昨年との変化に驚かされた。一言で言えばピッチャーになっていた。まず体幹のブレのなさがみごと。そしてステップに主張がある。前足が打者の打ち気を測るような抜け目のなさで、粘っこく向かっているのである。シーズンが始まれば背番号「7」が投手らしさを邪魔すると思うが、今の根尾なら野手がマウンド上で遊んでいるようには見えないはずだ。

本人も立浪和義監督も先発を考えているようだが、課題は変化球。ストレートとスライダーで9割が昨年の配球パターンだが、勝負球に使える落ちる系（チェンジアップ、フォークボールなど）、あるいはピッチングに奥行きを生む緩いボール（カーブ）が必要になる。私は今でもショート根尾に期待しているが、先発ローテーションで活躍すれば小笠原、髙橋、根尾という超強力な高校卒3本柱がチームに生まれる。セ・リーグでは他にない陣容なので、投手で押し立てるなら、絶対成功に導いてほしい。

ドラフト分析

4位山浅龍之介の超高校級の強肩が注目の的

1人ひとりを紹介する前に、指名の全体像を俯瞰してみたい。外れ1位でも指名できたと思われる大学生の右腕をいきなり1位で入札（単独指名）し、俊足・好守の二塁、三塁、遊撃手を2、5、6、7位で指名し、3、4位で左腕と強肩キャッチャーを指名した。ここまで「攻撃」というワードがどこを探しても出てこない。打てなければ勝てないのが野球で、それは昨年のドラゴンズが身にしみてわかっているはずだが、忘れているらしい。「ディフェンス優先」「野球は投手から」とは実に日本的な旗印だが、メジャーリーグの上位球団は大金を投じて、他球団の主力打者を獲りまくっているのはネットの記事でもおわかりの通り。日本でもパ・リーグで激しく優勝争いをしたオリックスとソフトバンクがFA権を行使した森友哉（西武）と近藤健介（日本ハム）を、大金を投じて獲得した。そういう時代の流れをドラゴンズはまるっきり理解していない。

前で巨人のチーム作りを批判したが、若手の起用を阻止する松田宣浩の補強はチームのスケールを増したいという方向が見えているので、プラス面の中にある疑問点と言ってもいい。対して中日のトレードやドラフトには違和感しかない。これほどの違和感は自由獲得枠~12巡まで大学生と社会人で占めた04年の中日のドラフトまでさかのぼる。この年はリーグ優勝しているので救いはあるが、00年代の中日は強くてもドラフトではミスを重ね続け、10年代から現在に至るまでの低迷期の原因になっていることを忘れてはならない。

1位仲地《なかち》礼亜《れいあ》（沖縄大・投手）が在籍した沖縄大は九州地区大学野球リーグの南部九州ブロックに所属する大学。この無名の右腕が注目されたのは21年の大学選手権1回戦の名城大戦。22年のドラフト候補に挙げられていた4番野口泰司《たいし》（当時3年）に3打数3安打されたが、1回裏の1失点以外は完璧に抑え完投した。この試合で計測したストレートの最速は149キロで自身の最速は151キロ。変化球はカーブ、スライダー、カットボールの〝曲がる系〟が主体。

落ちる系はフォークボール、ツーシームがあり、曲がる系も含めてストレートと同じ腕の振りで投げ分けられるところが最大の長所。ぱっと見の印象は11年に中継ぎ投手としては初のセ・リーグMVPに選出された浅尾拓也。ストレートとフォークボールの組み合わせで打者を翻弄した浅尾と球種の多い仲地ではピッチングスタイルは正反対だが、コンパクトな投球フォームやストレートの勢いに近いものを感じる。

2位村松開人（明治大・二塁手）は静岡高時代、好守・好打の遊撃手としてスカウトの注目を集めた。17、18年のセンバツ大会に出場して、通算3割5分以上の打率を残し、ドラフト候補としても名前が挙がっていた。

明治大進学後はポジションを二塁に移し、3年春に二塁手としてベストナインに選出される。故障が長引く石川昂弥の代わりに昨年二塁を24試合守った高橋周平を三塁で起用すると二塁が空く。そこに村松を入れる構想なのか、それならどうして阿部や京田をトレードし、根尾を投手にコンバートしたのか考えてしまう。

4年秋の活躍も紹介しよう。12試合に出場して打率・348はリーグ5位。持ち味の俊足を生かした盗塁6はチームメイト・飯森の9個に次ぐリーグ2位。印象に残る活躍こそしていないが毎試合こつこつヒットを1本ずつ積み上げる堅実さに特徴があり、3年春以降の4シーズンで3割以上の打率を3回記録している。

3位森山暁生《あきお》（阿南光高・投手）は2年の夏の甲子園大会初戦、沖縄尚学高戦に先発して8回を被安打13、与四球5、与死球1、失点8で敗退している。大会前、スカウトが名前を挙げていた選手で、マウンド上の姿を見てなるほどと思った。183センチ、84キロの堂々とした体格の左腕。プロはこういう選手が好きだ。しかし、体格の割にストレートが走らず、最速141キロはかなり拍子抜けした。ステップしてからすぐ上体が追いかけていくのでテークバック時の体の割れが不十分で、速さだけでなく力感も出ない。こういう投手は珍しくなく、始動からフィニッシュまでの投球タイムを長くしようと思うだけで改善される。

4位山浅《やまあさ》龍之介（聖光学院高・捕手）は好守ともにハイレベルで、その中でも強肩は特筆される。22年夏の甲子園大会1回戦の日大三高戦では私が計測した5本のイニング間の二塁送球タイムがすべて2秒を切り、最速は1・81秒、2回戦の横浜高戦が1・87秒、3回戦の敦賀気比高戦が1・83秒、準々決勝の九州学院高戦が1・75秒、準決勝の仙台育英高戦が1・88秒という猛烈さで、許した盗塁は0（盗塁刺2）。

配球では本格技巧派の佐山未来《みらい》を巧みにリードした。とくに内・外を緩急で突いて相手打線を打ち取ったが、内角を苦にする打者には徹底的に内角を突く攻撃性があってもいいと思った。脚力も合格点で、横浜高戦の第2打席で二塁打を放ち、このときの二塁送球タイムが8・37秒だった。プロでも悪くないタイムでバッティングもいい。

5位濱将乃介（福井ネクサスエレファンツ・遊撃手、外野手）は内野手として紹介されるが外野も兼任するユーティリティプレーヤー。強肩に定評があるが、最大のセールスポイントは俊足。日刊スポーツ紙によると昨年の日本海オセアンリーグでの成績は58試合に出場して打率・315、6本塁打、36打点。走ってはリーグ最多の37盗塁を成功。また、選球眼がよく、出塁率は・439を記録、とある。チームは昨年限りで活動を中止しているので、活躍がチームへの恩返しになる。

6位田中幹也（亜細亜大・遊撃手）は3年夏に国が指定する難病、潰瘍性大腸炎と診断され、その後大腸全摘出の手術を受け3年秋季リーグは2試合の出場にとどまった。安達了一（オリックス）がこの難病を克服して復帰しているように、田中も4年に復活。春と秋のリーグ戦で遊撃手としてベストナインに選出されている。持ち味は好守と俊足で、バントは大学生にして名人の域に達している。私が見た試合では毎試合バントをして、ほとんど初球で決めている。

昨年の大学選手権では決勝の上武大戦でタイムリー三塁打を放つなど2安打、3打点。準々決勝の名城大戦でもタイムリー二塁打を含む2安打、1打点でチームに貢献、大会後にMVPに輝いた。

7位福永裕基（日本新薬・二塁手）は昨年の都市対抗1回戦、日立製作所戦では3番・二塁手でスタメン出場し、途中で三塁を守っている。2回戦のNTT東日本戦も3番・二塁手でスタメン出場、日本選手権1回戦の宮崎梅田学園戦も3番・二塁手でスタメン出場し5打数2安打1打点を記録。両大会とも優勝経験がなく、天理高時代は甲子園出場がなく、専修大では3年秋から2部リーグでプレー。プロでは華やかな舞台に立ちたい。

著者略歴――――
小関順二　こせき・じゅんじ
スポーツライター。1952年神奈川県生まれ。日本大学芸術学部文芸学科卒業。プロ野球のドラフト（新人補強）戦略の重要性に初めて着目し、野球メディアに「ドラフト」というカテゴリーを確立した。2000年より年度版として刊行している『プロ野球 問題だらけの12球団』シリーズのほか、『プロ野球 問題だらけの選手選び―あの有名選手の入団前・入団後』『甲子園怪物列伝』『「野球」の誕生 球場・球跡でたどる日本野球の歴史』（いずれも草思社）、『ドラフト未来予想図』（文藝春秋）、『野球力 ストップウォッチで判る「伸びる人材」』（講談社＋α新書）、『間違いだらけのセ・リーグ野球』（廣済堂新書）、『大谷翔平 奇跡の二刀流がくれたもの』『大谷翔平 日本の野球を変えた二刀流』（いずれも廣済堂出版）など著書多数。CSテレビ局スカイ・A sports＋が中継するドラフト会議の解説を1999～2021年まで務めている（22年は入院で参加できず）。同会議の中継は20年度の衛星放送協会オリジナル番組アワード「番組部門中継」の最優秀賞を受賞。15年4～7月に、旧新橋停車場 鉄道歴史展示室で行われ好評を博した「野球と鉄道」展の監修を務める。

2023年版
プロ野球 問題だらけの12球団

2023年3月6日　第1刷発行

著者　小関順二
デザイン　あざみ野図案室
発行者　藤田 博
発行所　株式会社 草思社
〒160-0022 東京都新宿区新宿1-10-1
電話 営業 03(4580)7676 編集 03(4580)7680

本文組版　有限会社 一企画
本文印刷　株式会社 三陽社
付物印刷　株式会社 暁印刷
製本所　加藤製本 株式会社

ISBN978-4-7942-2635-8 Printed in Japan 検印省略

草思社 刊

プロ野球 問題だらけの選手選び

あの有名選手の入団前・入団後

小関順二 著

過去20年間、年度版『プロ野球 問題だらけの12球団』で全ドラフト指名選手を論評してきた著者が、有力選手の「入団前の評価」と「プロ入り後の現状」を並列して考察する刺激的な書。

定価　1400円＋税

【文庫】

「野球」の誕生

球場・球跡でたどる日本野球の歴史

小関順二 著

俳人・正岡子規が打って走った明治期から、「世界の王貞治」が育った戦後まで、この国の「喜怒哀楽」の記憶がつまった日本野球150年の歩みをたどる。現地を探訪できる地図、多数収録。

定価　800円＋税